从新手到高手

公文写作
实战技巧与范例

木子明 著

浙江人民出版社

图书在版编目（CIP）数据

从新手到高手：公文写作实战技巧与范例 / 木子明著. — 杭州：浙江人民出版社，2024.1
ISBN 978-7-213-11180-8

Ⅰ.①从… Ⅱ.①木… Ⅲ.①公文—写作 Ⅳ.①H152.3

中国国家版本馆CIP数据核字（2023）第163159号

从新手到高手：公文写作实战技巧与范例
CONG XINSHOU DAO GAOSHOU：GONGWEN XIEZUO SHIZHAN JIQIAO YU FANLI

木子明 著

出版发行：浙江人民出版社（杭州市体育场路347号 邮编：310006）
　　　　　市场部电话：（0571）85061682　85176516
责任编辑：胡佳佳
营销编辑：陈雯怡　张紫懿　陈芊如
责任校对：陈　春
责任印务：幸天骄
封面设计：北极光工作室
电脑制版：北京之江文化传媒有限公司
印　　刷：杭州丰源印刷有限公司
开　　本：710毫米×1000毫米　1/16　　印　张：15.25
字　　数：195千字　　　　　　　　　　　插　页：1
版　　次：2024年1月第1版　　　　　　　印　次：2024年1月第1次印刷
书　　号：ISBN 978-7-213-11180-8
定　　价：68.00元

如发现印装质量问题，影响阅读，请与市场部联系调换。

| 序 |

　　一位朋友曾经跟我说，在体制内工作，只要做到三点，业务水平就能领先一大批人，进步和职位晋升自然也就会比别人容易。那么这三点的具体内容是什么呢？

　　一是提笔能写，二是开口能说，三是能处理复杂的事务。三点之中，提笔能写是放在第一位的，而体制内需要我们撰写的文章，大部分都是公文。

　　在明、清时期，各级衙门里有专职的师爷负责此类工作，他们又叫作书记、文案、幕僚、秘书。他们一门深入，长时熏修，把写公文发展成了一门学问。《文心雕龙》里是这样评价公文的："章表奏议，经国之枢机。"可见公文对治国理政的重要性。在革命战争年代，中国共产党的第一代领导集体就十分重视公文写作，许多重要的公文都是主要领导人亲自起草的，比如《湖南农民运动考察报告》《星星之火，可以燎原》《实践论》《论持久战》，等等。这些文章在传播方针政策、唤醒民众、瓦解敌人斗志等方面起到了举足轻重的作用，像一盏盏明灯，照亮了中国革命的方向。当下，我国各级党政机关、国有企事业单位以及一些大型的民营企业对于公文的重视程度更是不言而喻，都把它当作传达路线方针、发布规章制度、部署工作措施、报告交流情况的重要工具。

因此，在职场中，无论是领导干部还是刚入职的实习生，或多或少都要写公文。每个人都希望以公文写作为切入点，提升各方面业务能力以及综合素质，从而在职业生涯上有更好的发展。但"纸上得来终觉浅，绝知此事要躬行"，公文写作虽然看似门槛不高，但真要写好它，就需要掌握正确的方法和规律，在工作中用心琢磨与研究。

目 录

第一章 为什么公文写作是体制内必备技能 // 001

 第一节 笔者对公文写作的体悟 // 002

 第二节 公文写作对个人发展的作用 // 004

第二章 公文写作的基本常识 // 013

 第一节 公文的基本概念 // 014

 第二节 公文的分类 // 018

 第三节 公文的特点 // 032

 第四节 公文的文种 // 037

 第五节 公文的要素与格式 // 048

 第六节 公文的办理程序 // 056

第三章 常见法定公文的写作技巧 // 063

 第一节 通　知 // 064

 第二节 通　报 // 074

 第三节 报　告 // 091

 第四节 请　示 // 110

第五节 批　复 // 116

第六节 函 // 121

第七节 决　定 // 128

第八节 公　告 // 133

第九节 纪　要 // 138

第四章　常用事务性材料的写作技巧 // 147

第一节 述职报告 // 148

第二节 讲话稿 // 165

第三节 主持词 // 180

第四节 表态发言 // 186

第五节 接待上级单位的汇报材料 // 191

第六节 简　报 // 197

第七节 新闻信息稿 // 202

第五章　公文写作的心得技巧 // 207

第一节 动笔之前要做好运筹帷幄 // 208

第二节 公文写作的基本步骤 // 212

第三节 如何建立自己的公文写作弹药库 // 217

第四节 如何剿灭错别字 // 221

第五节 公文的逻辑法则 // 227

第六节 公文写作的三种境界 // 235

后　记 // 237

第一章

为什么公文写作是体制内必备技能

公文写作是体制内人员日常工作的重要内容。体制内的工作人员，如果撰写公文的业务能力不足，无法准确地表达出上级或者自己的想法，就很难进入业务骨干的序列，会直接影响个人的进步。

所以，写好公文不仅是体制内工作的需要，也是我们自身职业发展的需要。作为一名在体制内摸爬滚打了十几年的"老司机"，我希望通过分享自己这么多年来在公文写作方面的经验心得，来帮助在这方面有困扰的读者们快速找到公文写作的入门诀窍，从而提升公文写作的能力，实现职业生涯发展。

第一节　笔者对公文写作的体悟

在我国的党政机关、国有企事业单位，公文是传达路线方针、发布规章制度、部署工作措施、报告交流情况的重要工具。

提笔能写是体制内工作人员的基本功，不管你是技术型、专家型干部，还是综合型、党务型干部，提笔能写一定有助于你的进步。反之，如果你的"笔杆子"不够硬，那恐怕连基本的"生存"都会成为问题。上级单位从下级单位借调人的时候，经常会特别问一句"写材料的能力怎么样"。如果遴选的对象没有写作的能力，就有可能被上级质疑；反之，如果你撰写公文的能力十分出众，就很有可能获得额外的机遇。

我身边有不少朋友获得了借调到部委机关工作的机会，也很想通过努力表现获得领导的认可，从而留在机关工作或是职位得到晋升，但很多人因为公文写作能力不够强，最终没能如愿。

在体制内工作的很多朋友想必都有这样的体会——每天都要接触大量的文件。反正我每天从踏进办公室起，不是在写公文，就是在看公文，要么就是在批阅公文。其实，公文写作的门槛并不高，但凡有一定文化程度的人都可以从事这项工作，而且我们很容易就能找到各种参考和学习的范本。但是，公文写作易学难精，同样是写材料，几年过去，有的人写作乏善可陈，也有的人悟性很高，不但能胜任工作，而且能成为所在单位撰写公文的能手，自然就更受上级的青睐。

我有时会回想自己刚刚工作的时候，一点公文写作基础也没有，每天就像无头苍蝇一样，对着电脑冥思苦想，几个小时过去了，屏幕上也没敲出几个字。等到我费尽"洪荒之力"，好不容易写完稿子发给领导，回到座位上准备喝杯水，杯子还没到嘴边，就被领导叫过去，当面指出我写的材料里的各种毛病，比如结构不合理、内容太空洞、缺乏逻辑、错别字太多……接下来，我要来来回回改七八遍才能勉强过关。那段时间，我每天都在怀疑人生，简直就是如临深渊，如履薄冰。

不积跬步，无以至千里；不积小流，无以成江海。在日积月累中写得多了，被批评得多了，不断汲取经验教训，我也就跌跌撞撞地找到了门路，慢慢成长为一名单位中排得上号的"笔杆子"。现在，我接到写作任务后，立刻就可以开始工作，灵感不断涌现，而且思路非常清晰，写作速度也是快于别人，公文交到领导手中，基本不需要修改了。

同时，我也将这些年积累的经验分享给单位中的年轻人。如今看着他们，我时常回想起自己当年为了写公文抓耳挠腮的时光，这也就更坚定了我要帮助更多的后起之秀写好公文的决心。

所以，公文写作虽然看似门槛不高，人人都能做，但真要做好，需要掌握正确的方法和规律，需要在工作中用心思考和琢磨，探索出适合自己的能力提升路径。

这就好比武侠世界中一个初出茅庐的小伙，在不断的摔打中，可能会鼻青脸肿，甚至满身伤痕，但只要坚定信念，咬定目标，勤于学习，不怕吃苦，扎实练功，武艺自然会日益精进，继而成为一代宗师。

为了大家的这个目标，我也会把自己跌跌撞撞成长的经验以及栽过的"坑"都分享出来，以帮助大家尽快摆脱写材料的挣扎期，缩短从量变到质变的过程，使大家在职业生涯中少走弯路，早日破茧而出。

第二节　公文写作对个人发展的作用

综观社会各行各业，每一行都有自己的核心技能。

IT工程师，核心能力是编写代码和程序开发；

足球队员，核心能力是身体素质和足球技术；

科研人员，核心能力是创新思维和知识储备；

……

假如你在体制内，尤其在机关工作，那么公文写作就是一项必须具备的、基础的能力。各级部门历来都很重视公务人员公文写作的能力，甚至把它作为选拔任用人才的重要条件。

体制内经常有这样的人，就因为材料写得好，很快就被调到重要岗位，获得了更多的学习机会，也对单位的工作有了全面和深刻的认知。并且，在不断修改材料的过程中，更是掌握了科学的工作方法与逻辑思维，综合素质得以提升，于是他们获得优先提拔的机会。

清康熙朝的上书房大臣张廷玉，因为擅写公文而被康熙皇帝倚重、信赖。他最大的特长就是上谕（上谕，即诏书，是皇帝的命令和指示）写得十分到位，深得康熙皇帝喜欢。而到了雍正皇帝登基后，朝廷在西北用兵，张廷玉协助雍正完善了军机处，使之成为国家军政大事的决策机构，张廷玉则被擢升为军机大臣。这个职位虽不参与决策，只是"跪奏笔录"，但因为他善于揣测皇帝心理，不但把每件事办得井井有条，从来没有出过差错，而且雍正每次口授旨意之后，张廷玉都能迅速拟好奏章，文思敏捷，一般人难以企及，能精准地表达出雍正皇帝所想。

在清朝对准噶尔用兵吃紧之际，每日属吏请求张廷玉指示和批阅的文件常达数百件，但即便如此，张廷玉也没有耽搁或做错过一件事。史料记载，他时常坐在轿中办公，甚至回到家中还要熬夜加班，以便第二天能及时拿出处理意见。雍正皇帝称赞道："尔一日所办，在他人十日不能及也。"

后来到了乾隆皇帝时，张廷玉又继续为乾隆朝呕心沥血，可谓是"三朝元老"。他死后，乾隆皇帝授予他"配享太庙"的最高荣誉。

从上面的例子中我们可以看出公文的重要性，它称得上是官员政治品格和执政能力的一面镜子，写得好能被上司认可，自然就容易被提拔重用。而对于已经走上领导岗位的人来说，尽管撰写公文并非工作的全部，但也是实现自身政治理想的重要桥梁和工具。

对于基层员工来说，直属上级一般是中层领导，这一层级的干部做不到阅人无数，但一定是阅文无数，好的公文他们一眼就能辨别出来。每当我给处室的同事布置完工作后，拿到他们提交的材料，看完一遍就能对每个人的领悟能力、分析能力、思维方式和工作态度有基本准确的了解。有的材料一看就是经过认真思考，仔细琢磨的；有的材料则让人皱眉，明显就是应付了事，根本没法用。所以，如果哪位同事写的材料总是词不达意，每次都需要大改特改，那么他想在单位被重用是不可能的。

公文写作对体制内个人的成长有什么作用呢？在我看来，长期公文写作的磨炼，能有助于提升我们的逻辑思维能力、掌握更广阔的信息资源、有效拓展人脉关系等。

一、提高工作效率

为什么许多基层同志一天到晚总在加班，像陀螺一样转个不停，究其原因，有工作量过于饱满的，也有故意磨洋工装样子的，不过更多的是工作效率的问题。

很多进入职场不久的朋友，最怕接到写作任务，尤其是一些大型的、综合性的题材。从领导那领回写作任务，他们嘴里说着"哦哦哦，好好好"，拿着文件坐下来，眉头紧锁，然后就对着电脑开始发愁，屏幕上的字敲了删、删了又敲，半天也写不出几行像样的文字。

一个周五的下午，党支部搞了一次党日活动，传达学习上级最新的会议精神。党支部书记讲了党课，组织观看了廉洁教育专题宣传片，还给入党积极分子转正进行了投票。会后，为了锻炼新人，支部让新来的小伙子写一篇新闻稿。他接到写作任务后，周末连续加班两天，一篇新闻稿硬生生把他这个"精神小伙"熬成了"萎靡中年"。但实际上，他两天也没写出篇完整的文章，最后还是周一上班找别的同事帮忙指导，才勉强过关。这是什么原因呢？就是新人缺乏写作经验，没掌握写作技巧，要是换作经验丰富的老同志，一般党支部活动结束的同时，新闻稿也就写好了。

我们每个人都有自己的生活，公文写作的任务重、时间急，所以掌握写作技巧，至少能够做到胸有成竹，下笔成文，大幅提高工作效率。这样就能早点下班回家，多陪陪家人，锻炼锻炼身体，享受享受生活，而不是为了憋一篇文章整晚上冥思苦想，把宝贵的生命都消耗在无穷无尽的文字里。

二、培养逻辑思维能力

在没有走上领导岗位之前，我们工作的内容通常是按照部门、处室、科室的职能划分，分别负责一个或几个业务。许多工作是日复一日重复的，比如统计汇总报表、更新台账、撰写周期性报告……而公文写作，尤其是写综合性的、需要发挥主观能动性的公文，往往需要我们深入思考问题、梳理工作、归纳总结。

公文是我们代表所在单位而写的文章，它们的影响力是不小的，有的甚至具有很强的社会传播力，能在短时间内引发热议，所以写作者认识问题必须翔实深入、分析问题必须准确到位、总结提炼必须善抓重点，整篇文章必须逻辑通畅。

在日常工作当中，如果不被逼一下，不承担重大的任务，我们也就很难有渠道去积极地了解事情的全貌，就不会有从更高的视角去观察和总结的想法。比如写全市某项工作的总结报告，我们就需要站在全市的视角去考虑问题；再比如给单位"一把手"写演讲稿，我们就必须刨根问底把工作了解透彻，特别是在总结问题、分析不足这一块。每一条不足，稿子上也许就几句话，但这背后其实是有大量调研发现的案例支撑的。这和我们偶尔发个微博、朋友圈或是写点网文截然不同，对洞察事物、分析总结问题的能力有着很高的要求，也逼迫着我们必须朝这个方向努力。

通常，人们会认为文科生更擅于写文章，但实际上，很多公文写得好的人都是理科出身，因为公文强调的不是文学性，而是逻辑性、条理性，所以运用好逻辑思维，我们就能写出更好的公文。

公文不像文学作品，可以尽情抒发奇思妙想，它更像是一块精密的手表，需要认真研究、仔细打磨、精心制造每一个零件，并把它们组装在一起。

在这个过程中，我们观察事物、认知事物、发现事物之间关系的洞察力就会提升，从潜意识里养成运用逻辑思维的习惯。这种逻辑思维能力一旦形成，是可以有效复制应用到各个领域的，对处理工作上的各种复杂问题都大有裨益。当看到一些社会现象、听到一些新闻时，我们就可以透过现象看本质，不落俗套，不人云亦云。

三、掌握信息资源

写公文，需要收集大量的案例、数据、工作情况和问题，这些第一手信息汇聚到我们手里，通过积累，我们势必会有所领悟，自然就能全面系统地掌握业务情况。以前，我们把信息叫作情报，现在则把信息叫作数据。在数字经济时代，数据作为生产要素，是可以参与生产分配的。

对业务信息的先知、多知，再加上大量的接触、归纳总结信息，会潜移默化地提升我们的价值，也会让我们在工作中更具优势。

这里举一个真实的例子。某家央企设立改革办公室，负责整体改革方案的制订和推进。有一个姓王的小伙子，觉得这是一个做顶层设计的重要部门，于是主动请缨想调去改革办工作。而领导出于自身部门利益的考虑，也想派个人到那边了解情况，以防以后搞机构改革对本部门不利，于是就把他推荐过去。小王到改革办后，参与了集团很多重要改革方案的制订，包括机构改革、定岗定编、人员配置、业务方向调整等。他从中得知了以后哪些子公司的业务是集团重点支持的，哪些业务以后是要收缩战线的；哪些子公司干部空缺多，哪些子公司是包袱、人才堆积严重。在改革办干了三年后，他利用获取的信息给自己量身定制了一条和国家政策方针、集团发展方向高度契合的职业发展路线。于是，他选择去沿海地区某个贫困县挂职，这个贫困县即将"摘帽"，并且集团要在那个省投资一个大项目。挂职期间，他既积累了基层政府工作经验，又契合脱贫攻坚的政策要求，和当地的政府官员建立了联系，还帮助集团在当地的大型投资项目做了政企沟通工作。挂职结束后，凭借在当地积累的人脉和扶贫经历，他首先获得提拔，被调入那个大项目的前期筹备组，又经过两年多的奋斗，项目并购成功后，他顺利成为那家企业的高管。

在一个科室或是一个处室，如果领导能够把时间紧、任务重、要求高的重要材料交给我们来完成，就充分证明了领导对我们的信任。这种信任不单单体现在写材料方面，而且是对我们的办事能力、组织能力、总结能力的认可。因为要写好一篇重要的材料，不只是遣词造句的问题，更涉及工作思路、工作方法、社交沟通、工作态度等各个方面。如果我们能够承担这种任务，自然就会成为业务骨干。每个领导在心里都会对下属能力有个数，在体制内写材料是硬功夫，我们练得越好，在单位发展得也就越好。

四、拓展人脉资源

写综合性的材料，免不了要跨部门、跨单位进行沟通，这种情况就需要各部门互相配合、用心沟通、乐于助人，不要用那种事不关己、高高挂起，或是怕麻烦踢皮球的态度。因为在这个合作的过程中，我们有机会与兄弟部门、单位同事建立起友谊，从而积累自己的人脉资源。根据我的经验，如果其他部门的同事来找你提供材料，一定要积极配合，如果别人一周后要，就尽量在三天内把所需材料交给对方，并让对方有事情可以随时联系你。给别人提供方便，就是给未来的自己提供方便。别人期待六分的质量就尽量做到九分。对于下属单位，我们一定不要采取官僚主义的态度，能体谅的就体谅。尽量不要在任何节假日放假前一天给人家发通知让对方节后上班立刻报材料。

人与人相处归根结底是将心比心，公文写作为我们提供了一条拓展人脉资源的渠道，但师傅领进门，修行还得靠个人。

以前我们部门有一位毕业不久的小伙子，人特别机灵，工作上有什么需要和其他部门沟通的，他都与他们好好交流，借机广交朋友。大部分人跨部门沟通时都是公事公办、就事论事，冷冰冰的，缺少温度。这个小伙子却不一样，每次都主动跑到人家工位跟前去说明事情，对方如果忙的话，就言简意赅地说，不忙的话，就借机多聊两句。他向别人要材料时都会换位思考，给足充分时间，并尽量给往年参考材料，在沟通中让别人感觉很舒服。久而久之，他的人缘就很好。后来，一位跟他经常有工作往来的大姐，觉得这个小伙子不错，就给他介绍了对象，最后双方还结婚了。这就是会沟通，写个材料、交代个工作还能把个人问题解决好。

五、具备好的公文写作能力有助于升职加薪

写好公文，有助于升职加薪，"笔杆子"向来都是体制内的"大红人"，各级领导都喜欢、重视这样的人才。

我见过不少处长，时常诉苦说："我们处啊，就缺'笔杆子'，工作干了什么都写不出来！"一般推荐员工到上级单位借调时，上级单位总要问："文笔如何？写过重大材料吗？"很多人只会埋头苦干，却不懂得用材料来展示自己，结果也是"默默无闻"。

网上流行一种说法，就是写材料写得越好，越容易成为工具人，陷在一个岗位上跳不出来了。领导把你当作工具人，越用越顺手，不肯给予你更高的升职空间。根据我的观察，这种情况确实存在，但大部分是发生在那些只会写材料，其他方面能力都不太行的人身上，这些人为人处世上都有所欠缺。

某机关政研室的处长老丁，文笔很好，特别擅长写综合性材料，可是与人相处、沟通能力欠缺。他爱钻牛角尖，经常为一些小事和别人争执得面红耳赤。

不少年轻人受到这种观念的影响，对公文写作十分抵触、厌恶，甚至干脆"躺平"，无法掌握体制内立身的本领，后期事业发展会面临更大的困境。

体制内，年轻人大部分时间是在做幕后工作，难得有抛头露面的机会。纵然你文韬武略，看问题鞭辟入里，但其实能展示的机会并不多，没有人有大把时间听你长篇大论，就算你再有见识，也只能下班回家教育孩子。

所以，公文就是一座桥梁，能创造机遇，让领导看到你的才华与思想。

书面文字能够突破时空与层级的限制，如果我们有独到的想法或深刻的见解，通过公文的流转，才华就会被更多的人发现，尤其是容易被高层领导了解。如果我们是发光的金子，公文就是一把掘金的铲子，能把我们的价值挖掘出来，展现给大家。一旦我们在公文中提的建议被领导采纳，就有可能变成一项重要的决策，无形之中就会对社会发展作出自己的贡献，自己也能在职业生涯中获得更上一层楼的机会。

第二章

公文写作的基本常识

> 万丈高楼平地起，一砖一瓦皆根基。想要写好公文，首先要了解公文的分类、特点、文种、要素等基本概念。这就像练习武术，要先从马步扎起，只有下盘稳固，才能进一步练习更高深的武功。公文写作也是同样的道理，只有基础扎实，才能掌握更高级的写作技巧。本章将会以生动、通俗易懂的语言来介绍公文的一些基本概念。

第一节 公文的基本概念

一、什么是公文

公务文书是法定机关与组织在公务活动中按照特定的模式，经过一定的处理程序形成和使用的书面材料，又称公务文件。我们无论是从事专业工作，还是从事行政事务，都要学会通过公文来传达政令政策、处理公务、协调各种关系、决定事务，使工作正确、高效地进行。

说白了，公文就是体制内上传下达、协调沟通、处理事务的正式文字材料。它为什么存在呢？因为体制内很多机关都很庞大，上下左右、纵向横向，组织架构极其复杂，如果都靠开会、打电话、口头部署、电子邮件等非正式的沟通，很多交流不落在纸面上，事情就办不好。文件如果不盖个章，就没有权威性。有很多扁平化管理的企业或规模较小的企业，并不需要通过公文来办事，但是体制内，公文是各种事务流转的基础和纽带。

二、写公文和写材料的区别

写材料是我们经常听到的一个词，很多朋友都搞不懂材料和公文到底有什么区别，我以前也总把材料和公文混为一谈。

公文是有严格界定的，在《党政机关公文处理工作条例》中规定了15种文种，如决议、决定、意见、通知、通报、公报、报告、请示、批复、函、纪要等。

而人们常说的材料，在范围上相对于公文更广，材料包括讲话稿、述职报告、工作总结、新闻信息稿等多种事务性文字材料。在日常工作中，非法定的公文更多，就拿开会举例，组织一次会议，至少要准备五份材料，如会议通知、主持词、讲话稿、会议纪要、新闻稿。每办一次大会，主办部门都像进入"战时状态"一样，加班是不可避免的。再比如，工作中还有向领导汇报时所需要的工作方案，主要阐述某项工作的情况与思路，这种材料无须印发也不需要签批。

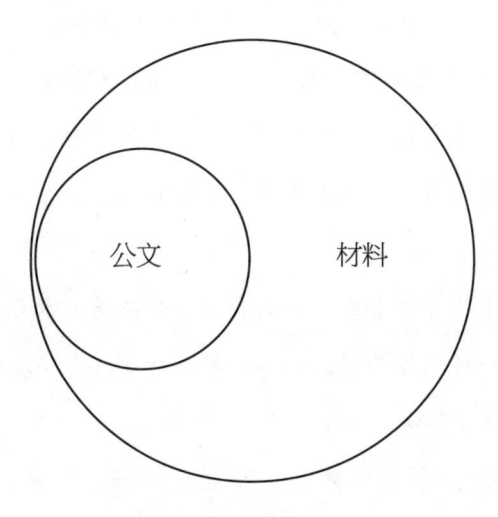

图 2-1　公文与材料的关系图

总之，材料相对于公文来说，是一个更宽泛的概念，对于公文以外的事务性材料，我们也需要重视起来，因为它们也会在工作中发挥至关重要的作用。

三、公文的语言特点

很多朋友上学时喜欢写作，创作散文、诗歌、小说可谓是妙笔生花、文采飞扬，有些朋友甚至利用自己的文笔在网络上吸引了不少粉丝，于是在写作方面就充满自信，总觉得什么文体都可以做到信手拈来。

我接触过很多这样的"大文豪"，刚接触公文写作时都是意气风发，但真正进入这个领域，被打击几次之后就垂头丧气，毫无斗志了。

我们单位曾经招聘过一个小伙子，他的简历中特长那一栏写的是擅长写作，有着曾经在"全国新概念作文大赛"中获得二等奖的荣誉，出版过几本书。

当时负责招聘的同事看到这份简历眼前一亮，心想单位以后又能多一个"笔杆子"了。但我们没想到，这个新人上岗后，在公文工作上却是"寸步难行"，因为他写惯了散文和小说，在撰写公文时缺乏行文的逻辑，个人主观意识又太强，还总把一些文绉绉的词句放在公文当中，写出来的东西自然就没法用，一位未来的"文坛巨匠"在公文写作上还不如刚毕业的大学生。

所以从这件事就可以看出，公文和文学作品是有很大区别的，撰写公文不能像写散文一样任性洒脱，也不能像写诗那样音律纵横，更不能像写小说那样让剧情跌宕起伏。

总的来说，公文语言讲究的是庄重、准确、朴实、精练、严谨、规范。

庄重，指公文要语言端庄，格调郑重、严肃。公文就像大宅院门口的石狮子，威严雄壮，行文用词要用规范的现代书面语，不能用口语、方言、俚语及生造词，不能出现搞笑的段子或调侃的语句。

准确，指语言真实确切，无虚假错漏，褒贬得当，语意明确，符合实际。公文就像一枚巡航导弹，打击目标必须精准，不能出现偏差。公文的句子要求完整确切，关键句子脱离上下文也不会产生歧义。

朴实，指语言平直自然，是非清楚，明白流畅，通俗易懂。公文不是文学作品，不能情节跌宕起伏、文字雍容华贵，它更像是家常菜，每一道都朴实无华，没有华丽的摆盘，却味美解馋。

精练，指语言简明扼要，符合行文目的及表现主题的需要，当详则详，当简则简，当略则略。每篇公文都有具体的目的，最忌文字啰唆。

严谨，指语言含义确切，用词严谨、分寸得当，切忌模糊混淆、一词多义，写上去的字都要经得起推敲与考证。

规范，指语句不仅要符合语法及逻辑，而且要合乎公务活动的特殊规范性要求。公文往往代表着一个单位的作风与水平。俗话说"人靠衣装马靠鞍"，一个职场人的穿着需要合规得体，穿衣邋里邋遢，很难给人好的印象，那么一篇公文也必须做到这一点。

第二节　公文的分类

公文有很多分类的方法，大体上，可以从行文方向、时限要求、机密程度三个维度进行分类。

表2-1　公文的分类

分类方式	公文类别	特点
按行文方向	上行文	下级机关向上级机关报送的公文。
	平行文	同级机关或不相隶属机关之间的行文。
	下行文	上级机关向所属下级机关的行文。
按时限要求	常规公文	没有加急标记的公文。
	紧急公文	需要迅速传递办理的公文。
按机密程度	秘密公文	秘密公文是标有秘密等级公文中密级最低的文件，保密期限不超过10年。
	机密公文	机密公文是秘密等级较高的文件，保密期限不超过20年。
	绝密公文	绝密公文是秘密等级最高的文件，保密期限不超过30年。

一、按行文方向分类

按行文方向，公文可分为上行文、平行文和下行文。

根据史料，对上行文、下行文、平行文准确区分，有的说是起源于隋朝，有的说是起源于明朝。由于明朝离我们更近，各类公文记录也更全，所以我们先来看看明朝关于公文行文方向有什么讲究。

明朝的公文种类比当今社会还多，而且层次更加严格，就拿上行文来说，按照对象分为三类：臣子向天子上报的上行文，比如奏、表；官府中的下级向上级禀报的上行文，比如牒；平民上报的上行文，比如状。下行文有些只有皇帝和少数身居高位的大臣可以用，比如诏、令；有些则是中央行政机关和基层政府都可以用的，比如告示。经过几百年的改进、演变，我国公文的形式虽有所变化，但实质不变，一直沿用至今。

（一）上行文

上行文是指下级机关向上级机关报送的公文，如请示、报告、意见，等等。

简而言之，就是"领导，这个事，您看这样办行不行呢？"或是"领导，按您的指示，我们把任务完成了，特此向您汇报一下"。

上行文一定是以谦虚的姿态、请示或汇报的语气来写，尤其是请示。

重要事项的请示，写完后通常会盖章套打出来，由本单位领导亲自呈送给上级单位主管部门，并且当面进行汇报。如果哪个单位的人不先打招呼就直接把公文流转过去，对方就很难知道事情的来龙去脉，而且忙起来，文件大概率就石沉大海了。带着公文当面汇报，上级单位有什么疑问立刻解答，办事成功的概率会大大提升。

上行文的要点，可以概括为十六个字：

言辞恳切、有理有据、要言不烦、出于公心。

言辞恳切。上行文，要么是请人办事，要么是报告情况，要摆正态度，所以言辞恳切非常重要。在古代，大臣们给皇帝上书请示工作，如果只说些言不由衷的话，还不如闭口不谈，明哲保身。皇帝见多识广，不是随便就能愚弄的，特别当你上书的内容是要说服他的时候，更加要注重言辞恳切，以情动人。这个道理放在现代也一样，政府机关的领导哪个不是阅文无数，如果你不认真准备资料，怎么可能在他那里过关？

有理有据。上行文是用于向领导汇报工作的。如果你汇报时语无伦次，毫无逻辑，工作上很多细节也没落实清楚，充满着主观臆断，领导可能前一分钟还在认真地听，三分钟后就会眉头紧皱。一般脾气好的领导可能还会耐着性子听你说完，脾气不好的可能直接就让你到此为止了。所以我们向上级汇报工作时，有理有据、条理清晰是基本要求，而这同样也是上行文的基本要求。作工作汇报有个著名的金字塔法则。顾名思义，金字塔是上面尖、下面宽，汇报时我们要做到结论先行，再讲理由，层层递进，才有可能让别人在最短的时间里抓住重点。

要言不烦。公文有个特点，事情越大，字数越少。比如人事任免的通知，一般都只有20—30个字。上行文是给上级机关的，目的要么是请求办事，要么是完成某项工作任务，要么是展示自己的工作业绩。对于上级，有的人偏要说一堆恭维的、拍马屁的话，似乎不这么做就不懂礼数。但这些话，说个一两句稍微点缀一下还可以理解，把"彩虹屁"当成和上级沟通的主要内容就有点过分了。写公文，该有血肉的地方绝不能少。就像法官判案，依据得拿出来。虚的东西有时候也必不可少，就像《红楼梦》中太虚幻境中的那副对联"假作真时真亦假，无为有处有还无"，但是虚实要适度。

我印象比较深的是有一次政府召开深化推进创新驱动发展的座谈会，各有关部门、国企、高校的代表二十多人参会。会议下午2点开始，首先是主管部门的两位领导讲话，然后让二十多个单位的代表谈谈感受和下一步打算。前面发言的三位同志知道后面领导还要总结，自己不宜占用过多时间，所以说得言简意赅。轮到一位国企参会者发言的时候，他拿起话筒，先拍了在场的领导几分钟的马屁，大概意思是："十分感谢赵局长、李局长召开此次会议，及时作出了扎实推进创新驱动发展的决策部署，既有政治理论高度，又有可操作性、可落地的细节颗粒度，并且为我们提出了许多有针对性的工作举措，十分契合党中央、国务院关于建设创新型国家的精神，对于国有企业高质量可持续发展也有显著的推动作用。我认为会议召开得十分及时，会议内容十分充实。对于下一步的工作，我想谈三点想法……"然后他一直讲了30分钟，后面没发言的同志都快坐不住了，对面的领导也直看手表，可他置若罔闻说个不停。这下，本来计划5点结束的会议被他硬生生地延后了一个小时。

出于公心。公文正是因为这个"公"的属性，才得以上升至"经国之大业，不朽之盛事"的高度。我们写给上级的行文或多或少会影响到他们的决策，如果不出于公心，上级部门无法知道基层的实际情况，就会作出失之偏颇的决策。

（二）平行文

平行文是指同级机关或不相隶属的机关之间的行文，如议案、意见、函，等等。两个没有隶属关系的单位如需要商洽办理事务，在这种情况下，既不能用上行文，也不能用下行文，最适合用的就是平行文，比如各种函。

平行文是用商量的口吻来写，通俗讲就是"同志，有个事跟你商量一下，具体是这样的，一定要帮忙啊"。

平行文的要点，也可以概括成十六个字：

事前沟通、简明扼要、有商有量、不卑不亢。

事前沟通。平行文大体可以分为两类，一种是告知类（比如值班安排、放假通知等），一种是业务类（比如商洽函、邀请函）。业务类的平行文，务必要进行事前沟通。事先不打招呼，直接发个公文过去，对于平级单位来说有失礼节。就好比你要去朋友家拜访，难道不事先与人家打个电话告知下吗？

我认识的一位同事，春节前去领导家里送年货，但他事先没打电话，直接就去了。当他走到领导家门口的时候，正好听见领导和妻子在里面吵架，他双手拎着沉甸甸的酱肉和卤菜，在门口站了半天不敢按门铃。等到里面没动静了，他心想来都来了，总不能带着东西再回去吧，于是一咬牙、一跺脚，按响了门铃。结果领导的媳妇一开门就气汹汹地吼了一句"谁呀！"，这下把这位同事吓得够呛。说明来意后，领导让他把东西放下。但他一进门就感到气氛不对，领导刚被老婆训完，心情极差，连家里的狗都知趣地躲在狗窝里。这位同事大气都不敢喘，放下东西，说了声再见，一溜烟赶紧跑了。

简明扼要。两个部门之间，没事会随便发文件吗？一定是有事办，因为要办事，写的材料往往要短小精悍，直指重点，让对方在最短的时间内理解自己想表达的想法。要是你在文件中写了一大堆跟主题无关的内容，搞得对方无法通过文件知道你要表达的事情，这样既耽误时间，又耽误办事。写跨部门的平行文，不像午饭后和其他部门的同事闲聊，文章里不能写太多废话，因为大家都是平级，没有必要浪费笔墨去谄媚恭维，但也不能高高在上提过多要求，所以一定要把简明扼要牢记在心中。

有商有量。平行文是平级之间的文件，你请别人办事，肯定要好好说话吧，假设你请人办事还摆谱，别人能给你办吗？有一些机关的朋友，特别是在核心部门的核心岗位上的人，办公室里坐久了，天天都是别人求他办事，很少需要他去求人，架子端着，低不下头，给同级兄弟单位写个平行文，也是一副高高在上的姿态，满纸都是命令和要求的口吻，这就太不得体了。

不卑不亢。在跨部门沟通中，我们的态度要不卑不亢，既不能高人一等，当然也没有必要过分赔笑脸。这里，咱们来看个例子。

小刘和部门领导一起出差，参加某地政府招商引资的会议。他们的差旅标准是领导可以坐高铁一等座，住宿费上限是每天600元；小刘只能坐二等座，住宿费上限是400元。由于春运期间，火车票很难订，当天二等座已经售罄，小刘只能跟领导一起坐了一等座。酒店价格较平日也有所上浮，他们入住的是政府举办会议的指定酒店，虽然打了折，但他们俩的住宿费加起来，每天还是超标了140元。

出差回来以后，由于出现了差旅费超标的情况，小刘就去找财务部的小姑娘商量该怎么办。财务部的小姑娘低头忙着贴发票，头也不抬，听小刘说完了情况，一边整理发票一边说："根据报销规定，由于订不到相应等级的高铁票而买了高等级的车票以及住宿费超标的，需要你们部门给财务部写个报销说明，盖部门章，并且需要部门负责人签字。"说着，小姑娘抬头看了小刘一眼，补充道："如果是入住指定酒店的，还需要把政府当时的工作通知复印件附上。"

小刘回到办公室，给财务部写了一篇说明，内容是这样的：

关于赴广州参加××园区招商引资对接会差旅费用报销的情况说明

财务部：

根据《关于召开××园区招商引资对接会的通知》，××部主任张××和刘××于2023年1月27—30日赴广州参加××园区招商引资对接会，由于时值春运，二等座火车票售罄，因此刘××购买了从长沙到广州的高铁一等座，超标190元。根据会议通知，当地政府指定入住××酒店，一行两人两晚共超标280元，此次差旅费合计超标470元。

由于此次招商引资活动对公司业务发展具有重要意义，当地政府来文时间紧迫，因此无法提前购买到二等座高铁车票，且指定酒店在大型会议活动较多期间，所售房间价格有所上浮。恳请贵部大力支持我部工作，按照报销规定对超标情况给予特殊考虑。

万分感谢，特此说明。

　　　　　　　　附件：《关于召开××园区招商引资对接会的通知》

　　　　　　　　　　　　　　　　　　　　××部

　　　　　　　　　　　　　　　　　　　2023年××月××日

　　小刘拿着这个说明，找部门领导签字，领导眉头一皱，拿起铅笔，对稿件做了改动。大家觉得是为什么呢？

　　平行文，在跨部门沟通中，要不卑不亢，没有必要说这个活动有多么重要，也没有必要重复说明超标的原因，更没有必要恳请支持，求人给予特殊考虑。因为这些都是照章行事而已，你拿出情况说明就够了，财务部有责任也有义务报销。

　　领导删减后，把说明改成了这样：

关于赴广州参加××园区招商引资对接会差旅费用报销的情况说明

财务部：

　　根据《关于召开××园区招商引资对接会的通知》，××部主任张××和刘××于2023年1月27—30日赴广州参加××园区招商引资对接会，由于时值春运，二等座火车票售罄，因此刘××购买了从长沙到广州的高铁一等座，超标190元。根据会议通知，当地政府指定入住××酒店，一行两人两晚共超标280元，此次差旅费合计超标470元。

　　特此说明。

　　　　　　　　附件：《关于召开××园区招商引资对接会的通知》

　　　　　　　　　　　　　　　　　　　　××部

　　　　　　　　　　　　　　　　　　　2023年××月××日

　　这样一改，整篇公文的态度就显得不卑不亢了。

（三）下行文

下行文是指上级机关向所属下级机关的行文，如决议、决定、命令（令）、公报、公告、通告、意见、通知、通报、批复、纪要，等等。下行文通常以命令或告知的语气来写，说白了，就是"喂，现在有个情况，这事得这么办，抓紧去落实"。

下行文的要点，同样也可以概括成十六个字：

上通下达、正气凛然、条理清晰、金玉不移。

上通下达。在机关工作的朋友，一般会听到过"做好三根线"这句话。哪三根线呢？一根是天线，一根是地线，另一根是连接线。上接天线，接的是党中央、国务院、上级单位、本单位领导的决策部署和指示要求；下接地线，接的是基层百姓、下级单位、所管辖区域的实际情况、存在问题和现实需求；中间做好连接线，是指把上层指示要求有效传达部署到基层、落实到基层，同时也把基层的实际情况、存在的问题反映给上级；这就是"做好三根线"。不过现实中很多人，眼睛长在脑门上，只会朝天看，只接天线，不接地线，也不接连接线，忽视基层。我们写下行文，往往都是根据上级的要求或是领导的指示，部署一些工作上的要求。上通下达，就是在部署工作时，要充分了解情况，有针对性地下任务、提要求。如果不顾实际，只对上负责，就会出现官僚主义、形式主义。

一些单位在给基层布置任务时，想当然，脱离实际，想着"反正布置下去就算履职尽责了"，把压力传到"下面"、把"包袱"甩给基层；有时为了体现重视程度和工作力度，甚至反复给下边发通知、提要求，"通知叠着通知，方案套着方案"，让基层的同志一头雾水，又无可奈何。

正气凛然。有些刚进机关工作的朋友，为人比较谦卑，即便是跟下级单位，也都是客客气气的，但是，如果体现在下行文里，就不合适了。

有一次，我们处里一位小伙子，对下级单位发一个通报，这个通报的主要内容是点出这个单位一些管理不规范的问题。这个小伙子在文末写了几句话："希望贵单位根据实际情况整改问题，整改完成后将总结报告报送×部门，望予以支持。"我拿过来一看，明明是批评通报，督促整改，语气太柔弱可不行，最后改成了"针对检查发现的问题，要认真限期整改，并于4月12日前将整改情况报告报送至×部门"。下行文，一定不能用过分低姿态的语气。

条理清晰。下行文说事说理要严密周全，交代清楚，合乎逻辑，语言含义要确切。任何一份下行文，如果写得语言浮夸，内容前后矛盾，不仅不能体现机关工作严谨的作风，更会给工作带来损失。例如用以传达贯彻党和国家的方针、政策，发布行政法规的公文，在语言表达方面若稍有疏漏，就会被那些奉行"上有政策、下有对策"的人钻空子。

金玉不移。君子一言驷马难追，不知道你有没有碰到过这种情况：上级发通知让写总结报告，你好不容易在系统内把任务布置下去，计划五天后收齐材料，然后汇总加工报给上级。但在这段时间里，上级要求突然有变化，即某个领导又提了新要求，来了个补充通知，增加了总结提纲内容，还缩短了要求报送的期限。这时候，你必须重新对下面的人布置一次，搞不懂的还以为是你工作能力有问题呢。在写材料、报总结这种事上出尔反尔，会影响到系统内或某个业务线上的同志，如果对老百姓也说话不算数，那就要出大事，会影响政府的公信力。

二、按时限要求分类

公文按时限要求，可分为紧急公文和常规公文两类。

（一）常规公文

没有加急标记的公文，就是常规公文。我们起草公文时，如果时间允许，一定要给接收公文的单位预留出足够多的办理时间。走完公文签发的整套流程，快的可能需要一天时间，慢的则可能需要一至两周。有的单位做事比较官僚主义，对下级单位发通知要求提交申报材料，从起草到报送截止日期也就给七天时间，结果文件第六天才印发出来，办事单位收到文件就到了截止日，怎么可能没有抵触情绪？这个时候就算是加班也来不及准备材料，更别说材料写好了还要领导层层审阅签发，等到报出，截稿时间早就过了。

（二）紧急公文

需要迅速传递办理的公文称紧急公文，可分为加急和特急两种，两种类型的紧急程度依次递进。平时工作中，最怕收到特急文件，特急文件一来，手头的所有工作都要暂时搁下，腾出精力办理特急文件。

有一次，我们下午4点收到一份涉密的特急文件，要求当晚8点前梳理报送一项工作的情况。这项工作涉及十几家下属单位，由于时间紧迫，只能跟十几家下属单位一边通着视频会议，一边了解情况，同时还要将通过视频会议了解到的情况现场记录下来。我们连一口水都没空喝，其中一个同事直到写完交稿才有空去厕所，真可以说是一场"攻坚战"。每一份紧急文件的背后，都凝聚着文件起草人员的汗水与艰辛。

处理紧急公文，有哪些技巧呢？

一是要提高优先级。收到紧急公文，在没有别的急难险重的任务时，要提高紧急公文处理的优先度，把手头一些不紧迫、不重要的琐事先放一放，全神贯注地处理加急文件。

二是必要时要采用特殊手段布置。如果一份文件需要层层往下传达部署，时间紧迫时我们可以运用特殊手段，比如通过召开视频会议、跨层级同时传达、优先传达给重点单位等方式，提高工作效率。

三是要沉着冷静。所谓急事缓办、缓事急办，越是着急的事，越是要沉住气，不要忙中出错，我们很多同事在处理紧急文件时，由于阅读文件仓促，没有领会上级的意思，布置的时候就会出现各种错误，这一点尤其要注意。

三、按机密程度分类

公文按机密程度，可分为普通公文、秘密公文、机密公文、绝密公文。秘密、机密、绝密公文又称涉密文件，是指内容涉及党和国家的机密，需要控制知密范围和知密对象、规定保密时限的公文。公文的密级越高，传达、阅办、保管的要求越严。公文的密级和保密时限是按照《中华人民共和国保密法》的有关规定确定的，不能随心所欲地想定什么密级就定什么密级。本来不涉密的若定了密级，文件一旦丢失，就会按失密来追责。反之，该定密的没定密，或者该定为机密的文件定成了秘密文件，一旦泄密，会对党和国家的事业造成不可挽回的损失。

（一）秘密公文

秘密公文是标有秘密等级的公文中，密级最低的文件，文件保密期限通常不超过10年。它反映的通常是党和国家的一般秘密，但其内容也不允许泄露。秘密文件阅读后需要立即保存在文件柜内。

（二）机密公文

机密公文是秘密等级较高的文件，文件保密期限通常不超过20年。它反映的通常是党和国家的重要秘密。如果失密，将会对党和国家造成重大损失。机密文件要求阅后应立即保存在保险柜内。

（三）绝密公文

绝密公文是秘密等级最高的文件，文件保密期限通常不超过30年。它反映的通常是党和国家的核心秘密。如果失密，将会对党和国家造成特别重大的损失。绝密文件要求阅后应立即退回发文部门，并由发文部门保存在保险柜内。

体制内，每年都会安排开展保密教育，其中很多泄密案件看了让人触目惊心。这些案件看似离我们很远，但类似的事情其实就不断在我们身边重演。

增强保密意识，遵守保密纪律，是每个体制内工作的人员必须具备的素养和意识，否则，就会给国家带来不可估量的损失。

泄密案件一：北京女子涉嫌向境外非法组织提供中央机密文件被拘

2013年8月，某境外网站全文刊发了一份中央机密文件，随后多家网站对该文章进行转载，引起了社会广泛关注。北京警方迅速成立专案组，全力开展调查工作。经调查，专案组最终锁定了犯罪嫌疑人高瑜。

高瑜已经不是第一次犯罪。她原是一名记者，就职于中国新闻社，1989年担任《经济学周报》副总编。1989年6月3日，高瑜被捕，1990年8月28日获释。1993年10月2日，她再次被捕。1994年11月9日，她被北京市中级人民法院以"泄露国家机密罪"，判处有期徒刑6年、剥夺政治权利1年、没收赃款800元。1999年2月15日，高瑜以保外就医的名义获释。

专案组在掌握大量证据的基础上，于2014年4月24日将高瑜抓获，并在其居住地找到了重要证据。经审查，犯罪嫌疑人高瑜交代了将一份非法获取的中央机密文件提供给某境外网站的犯罪事实。2013年6月，高瑜通过他人获得了该机密文件的复印件后，将内容逐字录为电子版保存，随后通过互联网提供给某境外网站负责人。该网站将文件进行了全文刊登，引发了多家网站转载。2015年4月17日，北京市第三中级人民法院对高瑜为境外非法提供国家秘密一案进行公开宣判。法院认为，高瑜违反国家法律规定，为境外人员非法提供机密级国家文件，其行为已构成为境外非法提供国家秘密罪，判处被告人高瑜有期徒刑7年、剥夺政治权利1年。

高瑜归案后，进行了深刻忏悔。她说，自己的泄密行为危害了国家利益、触犯了国家法律，已认识到自己的错误和罪行，甘愿接受法律惩处。

泄密案件二：工作人员使用手机偷拍外传涉密文件造成泄密被刑拘

2015年底，有关部门在工作中发现，某境外网站刊登了一份机密级国家文件。经查，2015年12月，H市指挥部下发了一份机密级文件。为贯彻落实工作，H市妇幼保健院党委书记、院长杨某从H市委政法委领取文件后，当日下午转交给人事科科长徐某，要求他写出方案上报。徐某接到通知后，立即安排人事科科员周某撰写方案。

当日下午，该院党办工作人员王某到人事科办公室，看到周某正在处理该文件，趁其不备，用手机偷拍了该文件，并通过微信发送给好友余某。余某又转发给李某，李某将照片提供给苏某翻拍。

12月8日，某境外网站刊登了该文件照片，造成泄密。事件发生后，王某、余某、李某被公安机关刑事拘留，苏某取保候审。有关部门对杨某进行了约谈；责令徐某进行深刻书面检查，取消年度评优资格，扣罚当月职务津贴；责令周某深刻检查，取消年度评优资格，并进行内部通报批评。

本案中，相关人员使用手机偷拍涉密文件，并通过微信发送给好友，其好友又转发给他人，短短几天时间就被境外势力刊登在网站上。一方面，反映出部分工作人员麻痹大意，保密意识淡薄，明知有关资料属于国家秘密，仍违规拍摄、违规传播；另一方面，说明微信等综合社交媒体平台因使用人员多、传播速度快、覆盖范围广等特点，一旦发生泄密，涉密信息往往急速扩散，危害十分严重。微信内置功能强大，满足了各种交流互动和娱乐需求，受到了普遍欢迎，但对于保密工作而言，却存在着泄密隐患，给保密工作带来了严峻挑战，应当引起高度警惕。

体制内工作人员必须真正将保密意识内化于心、外化于行，守住保密的底线、红线，使用微信时，要注意不随意发布、传递涉密信息，不透露敏感工作岗位及身份信息。

泄密案件三：受威胁被策反，搜集情报被判无期徒刑

耿某，1970年生，案发前曾在某国企驻外代表处任职。2007年，耿某在驻外工作期间，因处理正常事务与当地安全部门人员结识。随后，对方以耿某本人及其家人在境外的生命安全相威胁，将耿某策反。此后，耿某在对方的指挥下，搜集我国国防军工科研领域大量涉密情况，我国驻该国使馆内部情况以及我国在该国常驻机构、赴该国团组人员情况等，并在任期结束前接受了对方布置的回国"潜伏"任务，继续与境外间谍情报机关保持秘密联系。

经查，耿某向境外间谍情报机关提供的文件资料中，秘密、机密级文件50余份。2016年7月，耿某被依法判处无期徒刑。其实受到境外间谍情报机关的威胁后，耿某本可大胆地向我国驻该国领使馆报告，或者在回国后及时向组织如实反映情况，但他没有这样做，以至于在卖国的道路上越走越远。

日常工作中，有些公文，从表面上看没什么内容需要保密的，但也被标成了密件，这有时候会给具体办事的人员增加不少麻烦。但是在这里一定要清楚，保密工作绝非小事，一旦被标上密级，就要严格按保密规定执行，在工作中绷紧红线与底线的弦，不要因小失大，走上不归之路。

第三节　公文的特点

我在上学期间就十分喜欢写作，还尝试着写过几部中短篇小说。刚进入体制内工作时，我自视甚高，觉得自己才华出众，对八股文式的公文写作嗤之以鼻。后来，当我写的稿子一次次被领导打回来，才逐渐认清自身，扎扎实实地开始练习公文写作。现在回想起来，原因就在于我刚入职时对公文认识不深，对公文的特点理解不透，觉得"鸳鸯麻雀，说来都是鸟；公文散文，到头一样搞"，误以为写公文和写散文、小说是一个道理，殊不知它们有着天壤之别。

不少学生时代文笔颇佳的朋友，进入体制后都碰到过与我类似的情况，我们需要在不断的磨砺中把写文学作品时养成的习惯调整过来，才能适应公文写作的新赛道。

公文与一般的文章、文学作品截然不同，具有权威性、规范性、实用性和政策性等特点。

一、权威性

公文具有法定的作者，代表法定机关的权力和意图，有很强的约束力，也有鲜明的政治特色，直接反映政治意旨与举措。相应的，公文也具有固定的读者，针对的是确定范围内的对象。

公文就好像大宅院门口的石狮子，威严雄壮，公文的语言要使用规范的现代书面语言，不能用口语词、方言词、俗语俚语及生造词，公文中不能出现搞笑的段子或调侃的语句。

这里，咱们来看一个例子。

接到热心市民举报，某市下午发生了一起交通安全事故，一男子开车把三位路人撞伤。当地公安交警大队接到来电后，队长带着民警小王立即赶往现场，伤员由120急救车送至医院抢救，他们把肇事司机带回队里，并调取了附近摄像头的录像。队长让小王写一篇警情通报，小王是这么写的：

警情通报

××年××月××日16时15分，接到热心市民拨打110热线举报，我市××区××路发生一起交通事故。一辆白色越野车在由西向东行驶的时候，因驾驶员犯困走神，车辆冲向马路另一侧的马路牙，把路边三位路人撞倒。警方赶到后，迅速将肇事司机郑某某当场控制，三位伤者经120现场抢救无效死亡。经过认真调查，已排除郑某某故意冲撞及酒驾、毒驾嫌疑。目前，该案已立为交通肇事案，郑某某被公安机关依法采取刑事强制措施，事故原因正在进一步调查中。

小王所写的这篇通报整体上是没有问题的，表述符合警情通报的惯用手法，但有些地方有些啰唆，部分用词过于口语化。队长进行了修改，比如"接到热心市民拨打110热线举报""因驾驶员犯困走神"这两句完全可以不要。"马路牙""路人""经过认真调查"换成"边石""行人""经查"，表述更为准确、简洁。改完之后，全文如下：

警情通报

××年××月××日16时15分，我市××区××路发生一起交通事故，一辆白色越野车在由西向东行驶中冲向马路另一侧边石，将路边三位行人撞倒。警方将肇事司机郑某某当场控制，三名伤者经120现场抢救无效死亡。经查，已排除郑某某故意冲撞及酒驾、毒驾嫌疑。目前，该案已立为交通肇事案，郑某某被公安机关依法采取刑事强制措施，事故原因正在进一步调查中。

这样就符合公文的表述口吻了。

写公文必须讲政治。体制内工作的朋友，必须学习政策、懂得政策，与党中央和国家的最新精神保持一致。

红头文件的权威性，在日常生活和工作中，已经潜移默化、深入人心。这里，我举一个反面例子，是为了说明如果公文丧失权威性会变成什么样。

案例："最严禁炮令"朝令夕改

2017年春节前夕，某省环境污染防治攻坚办推出"最严禁炮令"，但在几天内朝令夕改。1月13日，通知下达，要求全省县级以上城市全时段禁放烟花爆竹。不过，仅隔一天，通知又改成要求"禁炮"范围扩至全省所有乡镇和农村，并将对执行不力者严肃追责。然而，两天后，上述紧急通知又改成"收回"并"停止实施"该政策。

几天内，同一个部门所发的三份文件步调不一，最后还以"急刹车"的形式结束。这样的做法有失政令的权威和严肃，实在是"弯转得太快，有点措手不及"。

政务决策说变就变固然不难，但让老百姓和相关行业从业者怎么办呢？这岂是说停就停那么简单的事情。"最严禁炮令"之所以停止执行，很大程度缘于当地众多烟花经销商向省政府反映情况。因安监部门的强力整治，近年来当地许多烟花经销商都建起正规仓储，也有合法经营许可证。烟花爆竹行业有一个显著特点，就是经营有着极强的季节性，政府部门的政令在没有任何缓冲，也没有任何补偿的前提下，就要求合法经营的企业停工歇业，这不但有违程序正义，还会让一些经营者面临破产倒闭的困境。

治霾形势严峻，相关部门急欲重拳出击，以图成效显著，人们或许能理解。但即便如此，也要依法办事、依法行政。"最严禁炮令"短短几天内便成了"空炮",病急乱投医的背后暴露的是权力行使的草率与随意。究其根源,还在于一些政府部门缺乏对权力的自重自警。权力是把"双刃剑",利与害同在。

政令畅通,令行禁止,这是政务系统应有的常态,朝令夕改不但侵蚀政府的公信力,还会造成行政系统的紊乱无序,是执政大忌。当然,政府决策也有失误的时候,尊重民意,知错就改,亦不失为明智之举。由此而言,"最严禁炮令"能够很快收回,并非最坏结果。当然,更重要的还是要能够从中吸取教训。

二、规范性

公文代表着机关的作风与水平,人靠衣装马靠鞍,一个职场人穿着要合规得体,如果邋里邋遢,恐怕很难给人留下好的印象。公文具有特定的体式,国家专门出台了公文写作方面的国家标准《党政机关公文格式》(GB/T 9704—2012),对于版式、字体、字号甚至特定位置空格都有严格的要求。这也是为什么在中国由上而下各级机关中使用的公文的格式、用语都是高度一致的。

公文的流转和办理也有着严格的规范,不是写完由直属领导审阅后就可以直接签发的,其需要一套严密的流程来确保它的规范性。

这里,我举一个因为公文处理不规范被点名通报批评的例子。

案例:公文处理不规范、不及时被通报批评

2019年8月,某地区纪委严肃查处了一批在脱贫攻坚工作中履职不力、作风不实的问题,并在政府官网进行了点名通报批评,具体内容如下:

2019年6月25日,某县委办公室收到省领导有关脱贫攻坚重要指示批示密电文件,县委办副主任提出拟办意见后,未意识到该批示件的重要性、紧急性，只按常规流程进行办理，没有第一时间向主要领导报告，且跟踪督促不到位，导致密电批示件转到县脱贫攻坚指挥中心后，滞留五天之久。直到7月2日省督查组询问时，县脱贫攻坚指挥中心才将密电退还县委办。其间，某县委办未对该密电文件进行跟踪催办督办，导致该县贯彻落实省领导批示精神和要求不及时，对脱贫攻坚工作造成负面影响。该县委办副主任履职不到位，对县委办工作人员监督管理不力，导致出现重大失误，负主要领导责任；县委办主任对文件跟踪督促没有完全到位，负有一定领导责任。2019年7月27日，经上级研究决定，对相关人员给予党内严重警告处分。

上述案例，就是不重视公文处理规范性的反面典型。我们在处理重要公文时，一定要规范操作，及时处理，重要事项及时向领导汇报，避免出现由于公文处理不规范而耽误重要工作的事情。

三、实用性

公文是为解决现实问题而产生的，具有实用性。像鲁迅先生所言的"有真意，去粉饰，少做作，勿卖弄"，因为是奔着实际问题去的，所以公文所表述的内容就要求必须真实。文中所涉及的事件以及所引用的材料和数据，必须是有依据的、真实可靠的，在制定方针政策时也要从客观实际出发，科学地进行拟订。

四、政策性

公文具有很强的政策性，党和国家各级机关所制发的公文，都必须用来贯彻党和国家的相关政策，执行国家的法律和法令，绝对不能偏离党和国家的政治目标和政策轨道。

第四节　公文的文种

根据《党政机关公文处理工作条例》，法定公文的种类包括决议、决定、命令（令）、公报、公告、通告、意见、通知、通报、报告、请示、批复、议案、函、纪要15种。

表2-2　公文种类表

序号	文种	通常的行文方向
1	决议	下行文
2	决定	下行文
3	命令（令）	下行文
4	公报	下行文
5	公告	下行文
6	通告	下行文
7	意见	下行文
8	通知	下行文
9	通报	下行文
10	报告	上行文
11	请示	上行文
12	批复	下行文
13	议案	上行文
14	函	平行文
15	纪要	下行文

一、法定文种简介

（一）决议

决议是指多个主体通过表决作出的决定，适用于会议讨论通过的重大决策事项，具有权威性和指导性。

（二）决定

决定适用于对重要事项或者重大行动作出安排，奖惩有关单位及人员，变更或者撤销下级机关不当的决定事项。一般来说，只有事关全局、政策性强、任务艰巨、执行时间较长的重要工作才适合使用"决定"行文。决定是下行文，一般由领导机关制发，要求下级机关贯彻执行。决定的制约性主要表现在领导性、指挥性和强制性上。相比较而言，决定的制约性没有命令那么强硬，但比其他公文要强。因为决定比较集中地体现了上级领导机关对重要事项和重大行动的指挥意志、处置意图和倾向，要求下级机关无条件执行。另外，决定有时是法规的延伸和补充，具有强制性和行政约束力。某个问题一旦经党政机关作出决定，就要求在相当长的时间内贯彻执行。例如，1984年10月20日，中共十二届三中全会通过的《中共中央关于经济体制改革的决定》，一直是我国经济体制改革的主要政策依据。

（三）命令（令）

命令适用于依照有关法律公布行政法规和规章，宣布施行重大强制性措施，嘉奖有关单位及人员等。命，有"使人为事"之意，作为公文，始于商朝，当时以王的意志为中心的"王命文书"，都是"命"的公务文书。令，其含义与"命"相似，且还有"告诫"的意思，作为正式公文使用，始于战国时期。

(四) 公报

公报一般指国家、政府、政党、团体或领导人所发表的关于重大事件或会议经过和决议等的正式文件，适用于公布重要决定或重大事项。也有以会议的名义发表的公报，关于会议会谈进展、经过或就某些问题达成协议的正式文件。

(五) 公告

公告适用于向国内外宣布重要事项或者法定事项，包括：向国内外宣布重要事项，公布依据政策、法令采取的重大行动；向国内外宣布法定事项，公布依据法律规定告知国内外的有关重要规定和重大行动。

(六) 通告

通告适用于公布社会各有关方面应当遵守或者周知的事项。通告的使用面比较广泛，一般机关、企事业单位甚至临时性机构都可使用，但强制性的通告必须依法发布，其限定范围不能超过发文机关的权限。通告是知照性下行文，具有鲜明的告知性、一定的制约性等特点，因其内容多涉及具体的业务活动或工作，通告在内容上还具有专业性的特点。

(七) 意见

意见是上级领导机关对下级机关部署工作，指导下级机关工作活动的原则、步骤和方法的一种文体，适用于对重要问题提出见解和处理办法。意见的指导性很强，有时是针对当时带有普遍性的问题发布的，有时是针对局部性的问题而发布的，适用于对重要问题提出见解和处理办法。

(八) 通知

通知适用于批转下级机关的公文，转发上级机关和不相隶属机关的公文，传达要求下级机关办理和需要有关单位周知或者执行的事项，任免人员。通知可以分为发布性通知、批转性通知、转发性通知、指示性通知、任免性通知、事务性通知等类别。

（九）通报

通报是上级把有关的人和事告知下级的公文，适用于表彰先进，批评错误，传达重要精神或者情况。通报的运用范围很广，各级党政机关和单位都可以使用，它的目的主要是交流经验、吸取教训、教育干部群众、推进工作。

（十）报告

报告适用于向上级机关汇报工作，反映情况以及答复上级机关的询问。报告使用范围很广，按照上级部署或工作计划，每完成一项任务，一般都要向上级写报告，反映工作中的基本情况、工作中取得的经验教训、存在的问题以及今后工作设想等，以取得上级领导部门的指导。

（十一）请示

请示适用于向上级机关请求指示、批准。请示属于上行文，凡是本机关无权决定和解决的事项可以向上级请示，上级应及时回复。请示是应用写作实践中的一种常用文体，根据请示的不同内容和写作意图可分为三类：

请求指示类请示，此类请示一般是政策性请示，是下级机关需要上级机关对原有政策规定作出明确解释，对变通处理的问题作出审查认定，对如何处理突发事件或新情况、新问题作出明确指示等请示。

请求帮助类请示，此类请示是下级机关针对某些具体事宜向上级机关请求批准的请示，主要是为了解决某些实际困难和具体问题。

请求批转类请示，下级机关就某一涉及面广的事项提出处理意见和办法，需各有关方面协同办理，但按规定又不能命令平级机关或不相隶属部门办理，需上级机关审定后批转执行，这样的请示就属此类。

（十二）批复

批复适用于答复下级机关的请示事项，一般分为审批事项批复、审批法规批复和阐述政策的批复三种。批复的写作以下级单位的请示为前提，是专门用于答复下级机关请示事项的公文。先有上报的请示，后有下发的批复，一来一往，被动行文，这一点与其他公文有所不同。批复要针对请示事项表明是否同意或是否可行的态度，批复事项必须针对请示内容来答复，而不能另找与请示内容不相关的话题。因此批复的内容必须明确、简洁，以便下级机关贯彻执行。

（十三）议案

议案是指向国家议事机关提出的议事原案，适用于政府按照法律程序向同级人民代表大会或人民代表大会常务委员会提请审议事项。如特殊事项议案、预算议案、决算议案、国民经济和社会发展计划议案等。议案通常由具有提案权的机关或代表提出，但其内容必须是属于议事机关职权范围内的事项才能成为议案。议案提出后，一般先交由某个专门机构进行审议，然后再提交议事委员会讨论，最后通过会议表决以决定其是否成立。

（十四）函

函是指不相隶属的机关之间商洽工作、询问和答复问题，请求批准和答复审批事项时所使用的公文。函是一种平行文，其适用的范围相当广泛。行文方向上，不仅可以在平行机关之间行文，而且还可以在不相隶属的机关之间行文，其中包括上级机关或者下级机关行文。在适用的内容方面，它除了主要用于不相隶属的机关之间商洽工作、询问和答复问题，也可以向有关主管部门请求批准事项，向上级机关询问具体事项，还可以用于上级机关答复下级机关的询问或请求批准事项以及上级机关催办下级机关有关事宜，如要求下级机关函报报表、材料、统计数字，等等。

（十五）纪要

纪要是记录要点的文字，适用于记载、传达会议情况和议定事项。会议开完后，形成了哪些共识、部署了什么工作、提出了什么建议、明确了什么安排，都需要通过纪要这种载体记录下来，传播下去。

二、如何正确地选用文种

公文的文种选得是否正确，事关党政机关公文的严肃性和权威性。每一个从事公文写作的人员，都应正确掌握文种的含义、适用范围、基本属性和特征以及各文种之间的相互关系，严格按照《党政机关公文处理工作条例》中的规定和要求正确选用文种。否则，如果错用文种，很可能会闹出笑话来。

（一）依法依规选用文种

《党政机关公文处理工作条例》是公文文种选择的根本宗旨与基本条例，对各级党政机关公文处理工作具有很强的指导性和普遍约束力。该文件对公文文种有着清晰的界定，起草公文时不得随意使用《党政机关公文处理工作条例》规定以外的文种，如方案、计划、要点、总结、纲要、建议、答复，等等。除非是一些事务性的材料，正规盖章签发的红头公文，一定要选用法定公文，不要随意改变。

我们的一个下属单位，有一次需要我们批准实施一个基建项目，就以公文的形式呈送上了一份建设方案，正文末了还写了个"妥否，请示"这几个字。这明显就是文种选用错误，被我们单位直接退了回去。

（二）根据本单位职能权限选用文种

根据《党政机关公文处理工作条例》所列的15个文种的适用范围，文种的选用是有条件的，必须与发文机关的地位和职能权限相匹配，不能乱用，绝对不能超越本单位的职权，尤其是涉及审批权的。

我们下属的一个单位，曾经通过省发改委向国家发改委申报了一个先进制造业的专项。国家发改委批复后，在实施过程中项目情况发生了变化，需要项目承担单位说明情况，并调整项目执行的内容。这个项目的承担单位向所属的省发改委递交了变更项目内容的请示，按理来说，省发改委应该再次向国家发改委递交请示，由国家发改委来决定是否同意，可是该省发改委直接下发了个同意变更的批复。后来项目验收时，国家发改委对此行为进行了追责。要知道，省发改委在这里只是个推荐单位，没有决策和审批的权力，怎么能批复项目变更呢？这是省发改委经办该事项的同志错用文种，越权审批。

（三）根据隶属或管理关系选用文种

文种的选用有时候需要根据本单位在组织内所处的行政地位决定，行文方向决定着文种选择和使用。党政机关之间的关系可分为四种类型：

1. 直接领导关系

直接领导关系是指同一个系统内上下级之间属于领导与被领导关系，如政府系统中的国务院与各省人民政府之间的关系。

2. 业务指导关系

业务指导关系是指同一系统内的上级主管业务部门与下级主管业务部门之间的业务指导与被指导关系，如中共中央组织部与各省委组织部之间的关系。

3. 平行关系

平行关系是指同一系统内同级机关之间的关系，如政府系统中的财政、教育、公安等部门之间的关系。

4. 无关系

无关系是指非同一系统中的机关之间（级别相当）不相隶属的关系，如地方党委工作部门与地方政府组成部门之间的关系。

在体制内，工作事项和公文流转经常交错纵横于上述四种关系中，形成了一定的行文主体与受体之间的行文关系、行文走向。比如：一个地方党委拟行文请求批准事项，主送机关必须是有隶属关系的上级党的机关，应该使用请示这种文种。如果是上级机关向有隶属关系的下级机关行文，行文方向就是下行文，应当选择通知、意见、决定、决议、通报等文种。属于平级机关或无隶属关系的机关之间行文，主要是选用函这种文种。

（四）根据行文目的选用文种

根据行文目的来选择文种，就是在同类的公文种类中，选取有助于实现行文目的的文种。比如，行文目的是向上级汇报工作的，选用报告。行文目的是请求上级机关给予指示、帮助和支持的，选用请示。行文是为了推动、指导下级机关工作，选用意见或通知。行文目的是就某一重要问题提出见解和处理办法，选用意见。行政机关向同级人大常委会行文的目的是审议通过人事任免案的。

选择文种时，有时会出现这个文种也行、那个文种也可以的模棱两可的情况。比如通过会议作出的有关某一重要事项的决策时，是用决定还是用决议？

通常，决议适用于会议讨论通过的重大决策事项，而决定适用于对重要事项作出决策和部署、奖惩有关单位和人员、变更或者撤销下级机关不适当的决定事项。在这种情况下，我们就需要具体情况具体分析，从公文内容上进行分析判断。如果会议内容涉及面比较广泛，是全方位并带有指导性的，则适合选用决议；如果会议内容集中、直接、具体，针对性较强并带有指导性的，则应选用决定。

三、文种使用的常见问题

在现实工作中，经常会出现文种选用不当的情况，下面，我们就来梳理几种文种选用常见的错误。

（一）把非法定文种当成公文写

把非法定文种当成公文使用是十分常见的错误。初学者不清楚法定公文的概念，就容易不选用法定的文种，而使用总结、要点、方案、计划、安排、纲要、规划、建议、答复等非法定文种，如：《××市××区人民政府2022年工作总结》就不是一个正规的法定公文，它只能作为正式公文的一个附件。非正式文种要上报或下发时，应从正式文种中寻求一个文种作为它的载体，承载其行文。正确写法应是：《××市××区人民政府关于报送2022年工作总结的报告》，把《××市××区人民政府2022年工作总结》作为附件。

（二）把文种直接作为标题

把文种名称作为标题在我们实际工作中是一个很常见的错误，尤其是在上级对下级或是平级单位之间，有的时候为了图省事，把函、通知、请示、报告等直接作为公文的标题使用。这就无法让阅读者从标题中看出这篇文章的大体内容，严格来说，违背了标题拟制的规定。

（三）混淆文种

日常行文中经常出现文种混淆的问题，某些文种确实很相似，让人不容易区分清楚，比如请示与函、决定与决议、公告与通告、决议与会议纪要。

1. 请示和函不分

请示和函最容易混淆，请示和函都有请求批准、答复审批或批准事项的功能，所以在实际使用中，不少单位会把请示当作函使用，为什么会这样呢？

第一，因为组织体系复杂。有的时候，我们确实难以区分上级机关和隶属机关，体制内各种机关部门，数目众多，不说刚到机关工作的新人

"摸不着北",就是在机关工作了好几年的同志也未必能搞清楚各个单位之间到底是什么关系。

第二,故意放低姿态。就是明知不规范而为之,不得已而为之。这种情况以前比较常见,现在偶尔有之。因为有些部门为了办成事,有求于一些权力部门,故意将函写成请示,他们认为这样有利于将事情办妥,可以体现对有关部门的尊重。比如:

××市林业局关于追加城市生态长廊工程专项资金的请示

××市财政局:

为了做好我市"三湖二带绿色生态长廊"工程建设,2021年市财政局为生态长廊工程建设拨付了1.5亿元专项资金,目前生态长廊工程建设正抓紧推进,进度已过半。经中期评审论证,生态长廊项目需要扩建1000亩林带(详见专项报告),经测算,需要增补0.2亿元专项资金。

以上,请批准。

××市林业局
××××年××月××日

市林业局与市财政局之间是平级关系,它们不是上下级关系,也不存在业务指导关系,因此根本不存在谁向谁请示的问题。为什么会出现上述情况,这里有三种可能性:一是我们不清楚某些机关之间不是上下级领导与被领导关系;二是由于对这两个文种使用规范不了解;三是明知不对,不得已而为之,以为这样有利于申请事项获得"绿灯"。

2. 请示和报告不分

报告是向上级汇报工作、反映情况时使用的文种。在日常工作中我们经常看到一种"四不像"的文种,如《关于×××的请示报告》。实际上它根本不是报告,而是请示。由于作者在"请示"的后面又加了"报告"两字，结果把一个独立的请示文种变为报告，把报告和请示混为一谈。按照公文处理规范，上级单位对报告一般不作批示，阅知即可，更不需要批复。但上述这类行文实际上是请示，是要求上级单位作出批复的，如果上级单位真的把这个当成报告来处理，只是知晓一下，所请示的事项和建议就石沉大海了，岂不是白费工夫。

3. 公告和通告不分

公告和通告都属于公开性行文，在有效的范围内受众越多越好，在写法上要求篇幅简短，语言通俗易懂、质朴庄重。它们的区别在于：公告用于宣布重要事项或者法定事项，目的性强；与公告相比，通告的内容是指在一定范围内应当遵守或周知的事项，具有鲜明的执行性和知照性。

在实际工作中，公告和通告也时常被搞混，比如：

××市工商行政管理局公告

根据国家工商行政管理局第86号令《广告经营资格检查办法》的规定，我局决定自××××年××月××日至××××年××月××日对我市的广告经营单位进行资格检查。请各广告经营单位在10月31日前持资格材料到注册管辖地工商行政管理局（分局）接受广告经营资格检查。10月31日后仍未报送广告经营资格检查材料的，依照《广告经营资格检查办法》的规定处理。

××市工商行政管理局
××××年××月××日

上面这篇公告，是针对广告经营单位部署具体的资格检查工作事项，并不是大范围广而告之需要大家执行的，所以更应该选用通告这种文种，而不是公告。

第五节　公文的要素与格式

一、公文的要素

（一）标题

公文标题是对文件内容的精确概括，一般由发文单位、事由和文种三部分组成，所以要做到准确、简要、明晰。它表明了文件的来源、主要内容及其使用性质，如《工业和信息化部办公厅关于开展国家工业和通信业节能技术装备产品推荐工作的通知》。有版头的文件或法规性文件、计划和总结、通知和通报，可省略发文单位，如《关于推荐申报绿色技术的通知》。

（二）发文字号

发文字号包括机关代号、年号、顺序号。它的作用是有利于统计发文数量，便于公文管理、备案查找，在引用时，可以作为公文的代号使用。例如"审办发〔2022〕3号"，代表审计署办公厅2022年第3号文件，"审办发"是审计署办公厅的代字，"〔2022〕"是年号，"3号"是发文顺序号。如果是多个单位联合发文，只需要标明主办机关发文字号即可。编号的位置，凡有文件版头的，发文字号放在文件版头名称的下面；无文件版头的，发文字号放在标题的右侧。

（三）主送机关

主送机关是行文的主要对象，即要求主办或答复这份文件的对方单位。对下级发出的指示、通知、通报等称为普发公文，可以主送多个单位。向上级报告、请示的公文，一般只写一个主送单位，不能多头主送，如需要同时报送另一个上级单位时，可以用抄送的形式，以免责任不明，处理延误。布告、通告、公告等公布性公文，不写主送单位，可在发表或发送时，附一个通知或函给主送单位。

（四）正文

正文是公文的主体，也是最关键的要素，正文的作用是直接体现党和国家的方针政策，反映发文单位的意图。正文部分应该观点鲜明，内容简洁，语句通畅，标点符号准确。

正文一般分为开头、中间、结尾三个部分，不同文种的正文结构还有些细微的差别。

开头要开宗明义，简要说明发文的根据和理由、发文的目的或结论。如果是回复性公文，要引述来文的标题和字号。注意开头不要太啰唆，不然容易头重脚轻。

正文中间的部分是公文主体，也是重中之重，一般根据行文的目的、上级的政策，把情况、问题、要求阐述清楚。内容较多的，可分段分层来写。

正文结尾一般是提出明确的要求、提出工作建议或是请求解决某项问题。结尾与开头一样，也要简明扼要，所有分析类讲原因的内容都要放在正文中间部分，不可放在结尾。结尾用语要按照行文关系，写得妥帖得体：上行文，可用"妥否，请示""以上报告如无不妥，请批转"或"专此报告"；平行文，可用"专此函告"；下行文常用"特此通知""此复""此令"等。

（五）发文单位

发文单位通常被称为落款，应写在正文的下面偏右的位置，与正文保留适当的空格，以便盖章。发文机关应写明全称。盖章表示发文机关对公文生效负责的凭证，应当端正、清晰地盖在成文日期上，做到上不压正文，下压成文日期，俗称要"齐年盖月"。

（六）发文日期

发文日期是指文件生效的起始时间，年、月、日须完整，年份不得略写。发文日期一般以机关领导人签发日期为准；会议通过的文件以会议通过日期为准；一般性例行公文如通知、函等以实际发出日期为准；法规性公文以批准日期为准，或公文最后专门规定生效、执行日期，如"本条例自发布之日起施行"。

（七）抄送单位

抄送单位是指行文对象除了主送单位，另外需要知晓或协助办理的单位。上行文叫抄报，平行文和下行文叫抄送。需要注意的是，抄送和抄报不能随便发，只能发给与该事项关系密切或需要配合的单位，以免权责不清。

（八）文件版头

正式公文一般都有统一规格，标明发文单位的专用版头。版头以套红大字印上"××××（单位名称）文件"，下加一条红线，中缀红五星。公布性文件，如公告等可不用版头。

（九）附件

附属公文正文的材料叫公文附件。它是公文的补充说明或参考材料，是公文的重要组成部分，附件按需设置，一般比较长的材料或专题的表格比较适合单独放在附件里。

（十）机密等级

公文内容涉及国家机密时，应根据机密程度，分别注明"绝密""机密""秘密"等字样。划分机密等级力求准确，因为定宽了，会造成失密；定严了，会影响工作效率。国家秘密的保密期限除了另有规定，一般绝密级不超过30年，机密级不超过20年，秘密级不超过10年。密级的位置，通常放在公文标题左上方醒目的位置。密级不同，公文递送方式也不同。机密公文还要按份数编号，如"编号000××"或"No.000××"，印在文件版头左上方，以便查对、清退。

（十一）缓急程度

缓急程度是公文送达和办理时限的要求，有"特急"和"加急"两种。标明缓急程度是为了引起特别注意，保证公文时效和紧急工作的及时处理，其中特急公文标注"特急"，紧急公文标注"加急"。

二、公文的格式

国家就规范公文格式专门出台了一份国家标准《党政机关公文格式》（GB/T 9704—2012），对公文用纸、印刷装订、字体字号、版式等作出了具体规定，下面摘述其中重点内容：

（一）字体和字号

公文中各要素一般用3号仿宋体字。文字的颜色均为黑色，特定情况可以适当调整。

（二）行数和字数

一般每面排22行，每行排28个字，并撑满版心。特定情况可以适当调整。

（三）份号

如需标注份号，一般用6位3号阿拉伯数字，顶格编排在版心左上角第一行。

（四）密级和保密期限

如需标注密级和保密期限，一般用3号黑体字，顶格编排在版心左上角第二行；保密期限中的数字用阿拉伯数字标注。

（五）紧急程度

如需标注紧急程度，一般用3号黑体字，顶格编排在版心左上角；如需同时标注份号、密级和保密期限、紧急程度，按照份号、密级和保密期限、紧急程度的顺序自上而下分行排列。

（六）发文机关标志

由发文机关全称或者规范化简称加"文件"二字组成，也可以使用发文机关全称或者规范化简称。推荐使用小标宋体字，颜色为红色。联合行文时，如需同时标注联署发文机关名称，一般应当将主办机关名称排列在前；如有"文件"二字，应当置于发文机关名称右侧，以联署发文机关名称为准，上下居中排布。

（七）发文字号

编排在发文机关标志下空二行位置，居中排布。年份、发文顺序号用阿拉伯数字标注；年份应标全称，用六角括号"〔〕"括入；发文顺序号不加"第"字，不编虚位（即1不编为01），在阿拉伯数字后加"号"字。上行文的发文字号居左空一字编排，与最后一个签发人姓名处在同一行。

（八）签发人

由"签发人"三字加全角冒号和签发人姓名组成，居右空一字，编排在发文机关标志下空二行位置。"签发人"三字用3号仿宋体字，签发人姓名用3号楷体字。如有多个签发人，签发人姓名按照发文机关的排列顺序从左到右、自上而下依次均匀编排，一般每行排两个姓名，回行时与上一行第一个签发人姓名对齐。

（九）标题

一般用2号小标宋体字，编排于红色分隔线下空二行位置，分一行或多行居中排布。回行时，要做到词意完整，排列对称，长短适宜，间距恰当，标题排列应当使用梯形或菱形。

（十）主送机关

编排于标题下空一行位置，居左顶格，回行时仍顶格，最后一个机关名称后标全角冒号。如主送机关名称过多导致公文首页不能显示正文时，应当将主送机关名称移至版记。

（十一）正文

公文首页必须显示正文，一般用3号仿宋体字，编排于主送机关名称下一行，每个自然段左空二字，回行顶格。文中结构层次序数依次可以用"一、""（一）""1.""（1）"标注；一般第一层用黑体字、第二层用楷体字、第三层和第四层用仿宋体字标注。

（十二）附件

如有附件，在正文下空一行左空二字编排"附件"二字，后标全角冒号和附件名称。如有多个附件，使用阿拉伯数字标注附件顺序号（如"附件：1.×××"）；附件名称后不加标点符号。附件名称较长需回行时，应当与上一行附件名称的首字对齐。

（十三）印章

成文日期一般右空四字编排，印章用红色。

单一机关行文时，一般在成文日期之上、以成文日期为准居中编排发文机关署名，印章端正、居中下压发文机关署名和成文日期，使发文机关署名和成文日期居印章中心偏下位置，印章顶端应当上距正文（或附件说明）一行之内。

联合行文时，一般将各发文机关署名按照发文机关顺序整齐排列在相应位置，并将印章一一对应、端正、居中下压发文机关署名，最后一个印章端正、居中下压发文机关署名和成文日期，印章之间排列整齐、互不相交或相切，每排印章两端不得超出版心，首排印章顶端应当上距正文（或附件说明）一行之内。

（十四）成文日期中的数字

用阿拉伯数字将年、月、日标全，年份应标全称，月、日不编虚位

（即1不编为01）。

（十五）抄送机关

如有抄送机关，一般用4号仿宋体字，在印发机关和印发日期之上一行、左右各空一字编排。"抄送"二字后加全角冒号和抄送机关名称，回行时与冒号后的首字对齐，最后一个抄送机关名称后标句号。

（十六）印发机关和印发日期

印发机关和印发日期一般用4号仿宋体字，编排在末条分隔线之上，印发机关左空一字，印发日期右空一字，用阿拉伯数字将年、月、日标全，年份应标全称，月、日不编虚位（即1不编为01），后加"印发"二字。版记中如有其他要素，应当将其与印发机关和印发日期用一条细分隔线隔开。

（十七）页码

一般用4号半角宋体阿拉伯数字，编排在公文版心下边缘之下，数字左右各放一条一字线，一字线上距版心下边缘7毫米。单页码居右空一字，双页码居左空一字。公文的版记页前有空白页的，空白页和版记页均不编排页码。公文的附件与正文一起装订时，页码应当连续编排。

（十八）公文中的横排表格

A4纸型的表格横排时，页码位置与公文其他页码保持一致，单页码表头在订口一边，双页码表头在切口一边。

（十九）三种特殊公文的格式

1. 信函

信函的发文机关标志使用发文机关全称或者规范化简称，居中排布，上边缘至上页边为30毫米，推荐使用红色小标宋体字。联合行文时，使用主办机关标志。

发文机关标志下4毫米处印一条红色双线（上粗下细），距下页边20毫米处印一条红色双线（上细下粗），线长均为170毫米，居中排布。

如需标注份号、密级和保密期限、紧急程度，应当顶格居版心左边缘编排在第一条红色双线下，按照份号、密级和保密期限、紧急程度的顺序自上而下分行排列，第一个要素与该线的距离为3号汉字高度的7/8。

发文字号顶格居版心右边缘编排在第一条红色双线下，与该线的距离为3号汉字高度的7/8。

标题居中编排，与其上最后一个要素相距二行。第二条红色双线上一行如有文字，与该线的距离为3号汉字高度的7/8。首页不显示页码。版记不加印发机关和印发日期、分隔线，位于公文最后一面版心内最下方。

2. 命令（令）

命令（令）的发文机关标志由发文机关全称加"命令"或"令"字组成，居中排布，上边缘至版心上边缘为20毫米，推荐使用红色小标宋体字。发文机关标志下空二行居中编排令号，令号下空二行编排正文。

3. 纪要

纪要标志由"×××纪要"组成，居中排布，上边缘至版心上边缘为35毫米，推荐使用红色小标宋体字。

标注出席人员名单，一般用3号黑体字，在正文或附件说明下空一行左空二字编排"出席"二字，后标全角冒号，冒号后用3号仿宋体字标注出席人单位、姓名，回行时与冒号后的首字对齐。标注请假和列席人员名单，除依次另起一行并将"出席"二字改为"请假"或"列席"，编排方法同出席人员名单。

第六节　公文的办理程序

公文流转有一套严密的办理程序，每个体制内的朋友都需要对这套流程了然于胸。很多时候，作为公文的起草人，我们可能需要在具体环节上去催办，或是紧盯一些重要环节，所以只有熟悉掌握哪个环节需要什么领导签批，才能确保工作的顺利开展。

我们在工作中可能经常遇到这样的情况：接到上级单位的一个通知，要求某日前报送一份专项工作总结报告，时间比较紧张。这时候就需要我们充分预估完成这份报告所需的时间，估算办理公文流转的大概时间，了解需要审批的领导是否出差从而无法批阅文件。如果预估的时间超过了上级单位的要求，最好提前跟对方电话沟通，说明情况，请求延缓或者先发电子文档，正式公文后面再呈报。

掌握公文的办理程序，对我们高效开展工作大有裨益。下面，我从收文和发文两个方面详细说明公文的办理程序。

一、收文的程序

收文办理是指收文单位收到公文后，在内部及时运转直到阅办完毕的过程。收文办理的一般程序为：签收、启封、登记、拟办、请办、批办、分发、承办、传阅、归档。

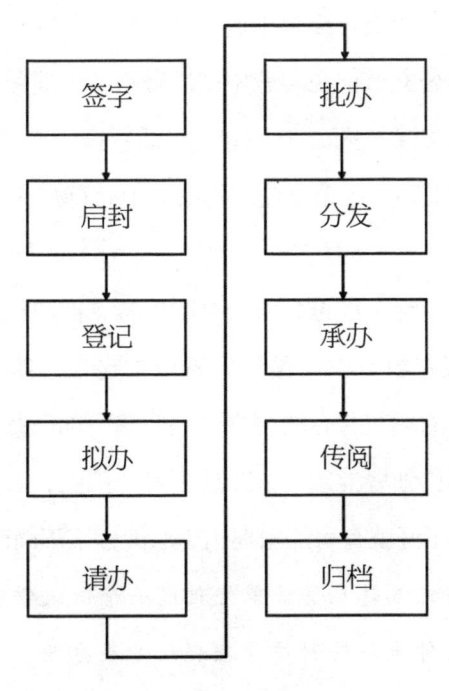

```
签字 → 批办
 ↓      ↓
启封    分发
 ↓      ↓
登记    承办
 ↓      ↓
拟办    传阅
 ↓      ↓
请办    归档
```

图 2-2　收文的办理程序

（一）签收

签收是收文办理的第一道程序，指收到有关公文并以签字或盖章的方式给发文方以凭证。具体指履行规定的确认、清点、核对、检查、签注手续后，单位收发人员从发文机关、邮政部门、机要通信部门、文件交换站，或者通过自备通信设备收取公文。

（二）启封

公文由办文人员签收后，统一启封或径送有关领导者亲启，如果是电子渠道流转的公文，就没有启封这个环节了。

（三）登记

收文办理过程中就公文的特征和办理情况进行登记。收文登记，一般分为阅件登记和办件登记两类。登记过程中，应当把公文标题、密级、发文字号、发文机关、成文日期、主送机关份数、收文日期及办理情况逐项填写清楚。现在的公文登记主要分电子版登记和纸质版登记两类，电子版登记就是直接通过OA系统标注并流转，纸质版登记需要各单位办公室（或综合部）在文件首页贴一张公文流转的纸，上面有办理登记的要素。

（四）拟办

办公室（或综合部）经过分析公文的内容，提出建议性的办理意见，并提供必要的背景材料，供有关领导者审核定夺，作出指示。拟办环节是最容易产生纠纷的环节，有些公文到底归哪个部门办理，其实边界很模糊，到底该呈送哪位领导批示、该流转到哪个部门，需要公文流转人员慎之又慎处理，分配不好就有可能出现由于职能分工不同而引发矛盾。

我们单位的公文流转人员就曾经犯过一个低级错误，把一份关于落实科学发展观的文件流转给科技管理部门牵头办理。当时科技管理部门的领导一看就急了，因为落实科学发展观的相关工作属于党群工作部门牵头的关于党建方面的工作，不属于他们的工作范围。最后，这份公文只能被打回重新流转。

（五）请办

请办指机关办公室（或综合部）根据单位内的职能分工将需要办理的公文注请主管领导人指示或者主管部门研办。对需要两个以上部门办理的，应当指明主办部门和协办部门。有的公文很难判断应该由哪个部门牵头办，这个时候办公室的同事会找相关的部门沟通，如果事先不去沟通，在后期很容易造成推诿扯皮的情况。

（六）批办

批办指单位领导阅读完公文后，提出处置意见和办理要求。领导在公文上的批示，对具体工作人员来说十分重要。一般的公文，大领导的批示通常很简单，如"请某部门阅处"或"请李某阅处"。也有的时候，领导会进行大段文字的批示，这就说明领导对这份文件很重视，这项工作很重要。

（七）分发

分发是办公室（或综合部）根据有关规定或者领导人批示将公文分送有关领导人和部门。

（八）承办

承办指按照公文要求落实具体工作。

（九）传阅

传阅，指公文处理单位根据领导批示，按照一定的程序将公文送有关领导人或部门阅读。公文传阅一般以工作人员为中心点，以阅读审批公文的领导人为外圈，从中心点开始送给第一个人阅看，第一个人看毕退回中心点，再由中心点传给第二个人看，依次类推，每传阅一人都经过一次中心点。公文走过的路线，呈车辐条状。这种方法可以有效地控制公文传阅进度，掌握公文的流转行踪，避免中途积压和传递断线，还可以合理调整阅文人的次序。

（十）归档

归档，将编立好的案卷及案卷目录按规定的时间和质量要求移交档案部门作为档案保存和管理。其意义在于使办理完毕的有查考价值的公文完成其向档案转化的过程，使公文能更充分地发挥其历史效用。

二、发文的程序

发文办理是指为制发公文所进行的拟制、处置与管理。发文办理的一般程序为：拟稿、会商、审核、签发、核发、登记、缮印、用印、发出。

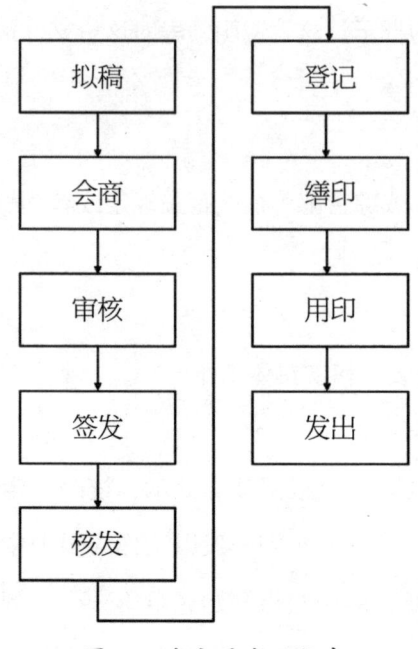

```
拟稿 → 登记
  ↓       ↓
会商    缮印
  ↓       ↓
审核    用印
  ↓       ↓
签发    发出
  ↓
核发
```

图 2-3 发文的办理程序

（一）拟稿

拟稿，即公文写作的过程，起草一份原始文稿，准备提供给中层领导审阅。

（二）会商

会商，指当公文内容涉及其他部门需要协商办理时，需要征得其同意或配合时所进行的协商。会商也被叫作会签，有的单位会签速度特别慢，因为很多会签文件配合部门并不重视，自己手头如果有重要的事情，肯定会把会签文件的优先级往后排。因此重要事项会签前一定要通气打招呼，基本得到认可后再行文。

（三）审核

审核，指拟就的文稿在送交有关领导审批或会议讨论通过之前，由专门负责公文处理工作的人员对文稿做全面核查。

（四）签发

签发，指由单位领导或被授以专门权限的部门负责人对文稿终审核准之后，批注正式定稿和发出意见并签注姓名、日期。

（五）核发

核发，是办公室（或综合部）在定稿形成后、公文正式印发前，对公文的审批手续、文种、结构格式进行复核。

（六）登记

登记，主要是登记行将发出的公文的发文字号、文种、标题和发文范围。

（七）缮印

缮印，即以誊录抄写、印刷等方式制作供对外发出的公文。

（八）用印

用印，即在印刷好的公文上加盖发文单位的印章，或请领导者在公文正本上签注姓名，其作用在于表明公文的法定效力。

（九）发出

发出，指将已封装完毕的公文以机要交换等方式发送给收文对象。

第三章

常见法定公文的写作技巧

> 公文写作技巧有万千，不同文种套路各异，本章选取通知、通报、报告、请示、批复、函、决定、公告、纪要9种常见公文，详细介绍它们的特点、写作方法与技巧，并附以代表性的范文，以期通过实际案例，深入浅出地帮助读者领悟这些文种的写作之道。

第一节　通　知

一、通知是什么

通知，是指运用相对广泛的知照性公文，用来发布法规、规章，转发上级机关、同级机关和不相隶属机关的公文，批转下级机关的公文，要求下级机关办理某项事务，等等。比如召集多个单位一起开会、要求下属单位报送某项工作的总结报告、部署一项阶段性的工作。通知虽然从整体上看是下行文，但部分通知（如晓谕事项的通知）也可以发往不相隶属的机关。

通知相比于总结报告、讲话稿、请示签报要简单一些，而且具有固定的写作"套路"，掌握了这个技巧，就好像是得到了一把钥匙，写起来就会驾轻就熟、易如反掌。虽然通知一般篇幅不长，但是往往字越少，事越大。大家一般都会认真地看通知，而不像某些传阅文件，大致扫两眼就还回去了。所以，我们写通知的时候一定要认真，千万不能出现低级错误，不然很容易遭人笑话。

有一次，我们收到上级监管部门的一份通知，让报送一份专项审计的整改报告。通知中有一句话——"请于2月30日下班前报送到指定邮箱"，处内的几个同事一看这句话就笑了。这份通知犯了没有常识的错误，写通知的人连2月有多少天都搞不清楚，而且核稿和审批的人居然都没发现问题，实在是让人大跌眼镜。

二、通知的特点

通知具有广泛性、功能性和时效性三个特点。

（一）广泛性

通知的使用不受单位级别与性质的限制，大到国家级的行政机关，小到基层的企事业单位，都可以发布通知。通知的收文对象也比较广泛，在基层工作岗位上的朋友，接触最多的上级公文就是通知，通知的内容可涉及国家治理和社会生活的方方面面。

（二）功能性

通知的功能最为丰富，它可以用来布置工作、传达指示、晓谕事项、发布规章、批转和转发文件、任免干部，等等。下行文的主要功能，通知几乎都具备，但它在下行文中的规格低于命令、决议、决定等文种。所以用通知来发布的规章，相较于令来说重要程度弱一些；用通知来布置工作、传达指示的时候，文种的级别和行文的郑重程度也不如决定。

（三）时效性

通知具有很强的时效性，通知中所需办理的事项基本上都会设定时限要求，要求在规定期限内报送材料，收文机关要在规定的时间内办理完成，不得拖延。

三、通知的分类

根据适用范围，通知可以分为发布性通知、转发性通知、指示性通知、任免性通知、事务性通知五类。

（一）发布性通知

发布性通知用于发布规章制度、政策文件，如《关于印发〈事业单位人员奖励规定〉的通知》《关于印发〈公务员考核规定（试行）〉的通知》。

（二）转发性通知

转发性通知用于转发上级机关和不相隶属的机关的公文给所属人员，

让他们周知或执行，如《关于转发〈关于做好2020年度脱贫攻坚重点工作〉的通知》。有的时候，上面一个文件，可能需要多层级转发，这时候，如果我们直接生搬硬套地转发，就可能会出现好几个"关于转发"和"的通知"的字眼，把标题拉得冗杂拖沓，所以在这样层层转发文件时，可以选取重点内容，精简标题，不必出现一大堆的重复字眼。

（三）指示性通知

指示性通知用于上级机关对下级机关提出具体的工作要求，部署明确的工作任务，如《关于做好低效无效资产处置清理工作的通知》。

（四）任免性通知

任免性通知用于任免和聘用干部，如《关于张某同志职务任免的通知》。

（五）事务性通知

事务性通知用于处理日常工作中带事务性的事情，常把信息或要求用通知的形式传达给有关机构或群众，如《关于召开"缅怀先烈 学习党史"主题教育活动的通知》。

四、通知的写法

（一）标题

通知的标题，就是用一句最精练的话，把哪个单位要干什么事表达出来。标题就好像一个招牌，让读者可以从华灯下五颜六色的各种招牌中一眼发现要找的那个。

通知的标题由"发文机关+主要内容+通知"组成，即某单位关于什么事情的通知，比如《国务院关于加强固定资产投资项目资本金管理的通知》。其中，国务院是发文单位，加强固定资产投资项目资本金管理是事由，让人看了一目了然，知道该文件讲了什么内容。

发布规章的通知，所发布的规章名称要出现在标题的主要内容部分，并使用书名号。如《北京市发展和改革委员会关于印发〈北京市发展改革部门行政处罚裁量基准（试行）〉的通知》。

批转和转发文件的公文，所转发的文件内容要出现在标题中，但不一定使用书名号，如果通知名称过长，也可截取被转发通知中最核心的要义放在转发通知的标题里，如《国务院办公厅关于转发国家发展改革委等部门推进"互联网+政务服务"开展信息惠民试点实施方案的通知》。

有的时候，有的单位会简化通知的标题，比如就叫《通知》或《有关工作的通知》，这通常是为了省事，但这种情况只适用于发布事务性材料，不能用于正规的公文。

（二）主送机关

通知标题的下面紧接着的是主送单位，也就是通知要发给谁，左侧不需要空两格。通知的发文对象比较广泛，因此，主送单位可能会有很多，要注意主送机关排列的规范性。主送单位看似简单，却十分重要，稍不留心，有可能就会犯以下几种错误。

1. 写错单位名称

写错名称是通知的大忌，给别人下达命令，一张口就把他名字叫错了，让别人心里怎么想。虽然这种错误很低级，但却很常见。入职时间不长的年轻朋友可能会对体制内单位的简称不熟悉，写错名字的情况时有发生，如果碰上不太认真的主管领导，审核的时候不仔细看，一旦印发出去，就会给工作带来很大的麻烦。

2. 漏掉个别主送单位

通知经常是要发送给很多个单位的，漏掉主送单位也是比较常见的错误。

我在实际工作中就曾犯过这样的错误，有一次部署系统填报的工作，将发文对象漏了一家单位，后来各家单位都完成填报了才发现。我只能再去找人家，说好话并道歉，人家才配合完成了工作。

3. 不注意主送单位的排列顺序

体制内单位的排序一般都有规范，一定要注意按照既定的顺序排列，这个可以参照官网上罗列单位的顺序，也可以参照单位内部的通讯录。

（三）正文

通知一般讲究简洁明快，能用一句话说明白的绝不用两句。很多情况下，通知用一两个自然段就能解决问题，但也有需要好几页才能讲清楚事情的时候。由于通知具有时效性，我们在正文里一定要交代清楚时间要求，什么时间要求完成任务，什么时间要求报送材料，等等。

通知的正文一般包括三个要素，即缘由、事项和要求，有的还会写上结尾与附件。

1. 缘由

关于通知的缘由，主要是交代工作的背景、依据和目的。

江苏省发改委发布的《江苏省发展改革委关于农业排灌泵站电价的通知》开头是这样写的："为更好发挥农业排灌泵站服务农业生产的作用，促进粮食生产，推进乡村振兴，加快农业现代化，根据国家相关规定，现就农业排灌泵站用电价格通知如下……"这篇通知开头简明扼要地说明了农业排灌泵站用电价格调整的原因和依据，让收文对象一目了然地知道原委。写通知，缘由部分千万不要写得太多，容易头重脚轻，造成读者读了半天还没进入主题。

2. 事项

通知的事项是整个通知的"心脏"。有的时候，事项可能就是简单的一两句话，比如转发某个文件、印发某项制度、任免某位同志。有的时候，事项可能会稍微复杂一些，比如会议通知，就需要把会议时间、会议地点、参会人员、主要内容等分门别类地写出来。对于这一类的通知，一定要讲究分段，每一段要取一个简短明确的标题，让人看到通知，不必通篇阅读，立刻就能找到关键的信息。

3. 要求

通知的要求一定要写得明确，就是要接收通知的对象单位落实些什么事。如果是印发制度，那就是要求认真遵照执行；如果是要求报送总结报告的通知，就需要在要求部分写清楚什么时间把什么总结报送到哪；如果是会议通知，则需要明确什么时间到哪里报到。

4. 结尾

通知的最后，另起一行，写上"特此通知"，注意这里用的是句号。到此，通知的正文部分就结束了。很多通知都会有附件，比如要印发的制度原文、会议的议程安排，或是更详细的说明材料。

5. 附件

附件在"特此通知"下另起一行，写上"附件"，后加冒号。如果只有一个附件，就直接写附件名，如果有多个附件，在前面加上1、2、3等数字即可。注意一下，如果一个附件名字较长，需要换行，换行后要跟阿拉伯数字对齐，而不是只空两格。

附件看起来虽然很简单，但特别容易出错，我自己就经常在这里栽跟头。就是正文末尾处的附件名与文件里的附件名不一致，常常是写完通知的正文，再去一个个地写附件，写附件的时候，可能已经对附件的标题作了调整，但正文却忘了同步修改。还有就是在走OA系统的过程中，领导审阅时把附件中的标题给改了，如果返回给起草人核稿时不注意，就会造成正文末尾附件名与真实附件名不一致的情况。所以，发文前附件的相关内容一定要再三检查。

通知范文一

关于转发《中共中央组织部　人力资源社会保障部关于印发〈事业单位工作人员培训规定〉的通知》的通知

各市（州）、县（市、区）党委组织部、政府人力资源和社会保障局，××新区党工委组织部（党群工作办公室）、管委会人力资源和社会保障局，省直各部门（单位）人事（干部）处，各省管高等学校党委：

现将《中共中央组织部　人力资源社会保障部关于印发〈事业单位工作人员培训规定〉的通知》（人社部规〔2019〕4号）转发给你们，请结合实际认真贯彻执行。

附件：中共中央组织部　人力资源社会保障部关于印发《事业单位工作人员培训规定》的通知

中共××省委组织部　　××人力资源和社会保障厅

2020年4月15日

通知范文二

关于印发《政府采购需求管理办法》的通知

各中央预算单位，各省、自治区、直辖市、计划单列市财政厅（局），新疆生产建设兵团财政局：

为落实《深化政府采购制度改革方案》加强政府采购需求管理的有关要求，财政部制定了《政府采购需求管理办法》，现印发给你们，请遵照执行。

附件：政府采购需求管理办法

财政部

2021年4月30日

通知范文三

关于开展××市服务业集聚区2020年度考核评估工作的通知

各县（市）区发改委、开发区经贸局：

按照《2020年××市培育新动能促进产业转型升级推动经济高质量发展若干政策实施细则》（×政办〔2020〕6号）要求及服务业政策兑现有关工作安排，市发改委定于今年5月份对我市服务业集聚区建设和发展情况开展第三方评估，具体事项通知如下：

一、考评对象

对认定以来运行一年及以上的各服务业集聚区进行考核评估。对省级服务业集聚示范园区、省级服务业集聚区、市级服务业集聚区分别进行考核评估。

二、考评内容

按照考核评估指标，全面评估2020年各服务业集聚区建设发展情况。

三、考评程序

考评工作按照"集聚区自评—属地审核报送—市发改委组织审核"步骤开展。

四、有关要求

1.认真开展自评。请各集聚区对照考核评估指标（见附件1）和自评报告大纲（见附件2），对集聚区2020年发展成效和工作推进情况等进行全面系统总结，编制集聚区发展自评报告，并附相关实证材料。

2.县区负责初审。请各县区对辖区内集聚区提交的自评报告进行初审把关，发现问题及时退回纠正，对集聚区提交的自评报告及资料的真实性和规范性进行审核把关。

3.积极配合审核。5月中旬（具体时间另行通知），市发改委将依据各集聚区自评情况，采取适当方式进行审核，请配合做好相关审核工作。

请各县区、各集聚区高度重视，本着真实、准确、客观的原则，抓紧做好集聚区自评工作，于5月25日（周二）下班前以各县（市）区发改委、开发区经贸局正式文件将集聚区自评报告及集聚区建设方案（文本一式7份并附光盘1份）函报市发改委贸服处，各县区及各集聚区要分别确定1名专人负责考评工作，并将联系方式随文一并报送。

附件：1.××市服务业集聚区2020年度考核评估指标
　　　2.集聚区建设发展情况自评报告大纲
　　　3.集聚区内入驻主导产业服务业企业名单
　　　4.集聚区内重点服务业项目统计表

××市发展和改革委员会
2021年4月30日

第二节 通　报

一、通报是什么

通报是上级把有关的人和事告知下级的公文。通报的运用范围很广，各级党政机关和单位都可以使用。通报的主要作用是表扬好人好事，批评错误和歪风邪气，通报应引以为戒的反面典型，传达重要情况以及需要各单位知道的事项。

通报主要目的是交流经验，吸取教训，教育干部、职工群众，推动工作更好地开展。在实际工作中，通报更多的是被用于点出负面案例，以示警醒，具有很强的震慑力。

通报一般都是指名道姓地点出问题，不是含糊笼统地概括问题。被上级单位在通报中点名批评，是一件很没面子的事情，严重的可能还会影响相关负责人的前途。

二、通报的特点

通报具有广泛性、教育性和及时性三个基本特点。

（一）广泛性

通报的收文对象范围相对较广。通报主要是点出现实工作中一些正反面的典型或某些带倾向性的重要问题，又或者是将系统内或社会上一些现象广而告之，所以通报一般都是大范围告知。如果发送的对象范围过窄，就达不到通报批评或表扬传播的作用。

（二）教育性

通报的目的，不仅仅是让人们知晓内容，它主要的任务是让人们知晓内容之后，从中接受先进思想的教育或接收到警示的作用。对于正面典型要向其学习，向榜样看齐；对于反面案例，要吸取教训，反躬自省，有则改之，无则加勉。通报不是冷冰冰的行政命令，而是用有血有肉的现实案例去触动人心，引人深思。

（三）及时性

对于一些突发事件，我们要及时予以通报，一方面是让大家了解情况，另一方面也是表明对于紧急突发事件的重视和处理态度。比如一些重大安全生产事故，对死伤情况及相关责任人的处理措施的通报都要在第一时间发布。

三、通报的分类

按照内容，通报可以分为表彰类、批评类和情况类三种。

（一）表彰类通报

表彰性通报一般是表彰先进个人或先进单位。这类通报，我们应着重介绍人物或单位的先进事迹，点明实质，提出希望并发出向其学习的号召。在实际工作中，表彰类通报也可以用于促进工作的有效开展。

我们单位有一项专项工作，涉及20家下属单位。这些单位对这项工作的重视程度参差不齐，有的很重视，认真抓落实；有的不重视，只是填填数据、写写材料应付了事。为了提高大家的重视程度，我们就每年通报表彰做好这项工作的先进单位，每次都是10个名额。通报一发，没被评上的单位领导就着急了，要求具体工作人员查找原因，力争明年当先进。这就是利用通报的广泛性和教育性，在系统内形成了"比学赶超"的工作氛围，先进带后进，推动工作开展。

（二）批评类通报

批评类通报，就是批评典型人物或单位的错误行为、不良倾向、丑恶现象和违章事故等的通报。批评类通报的震慑作用十分明显。

党中央、国务院为了抓好生态文明建设工作，从各地抽调精兵强将，成立中央环保督察组，到各地巡回督查，专找各地环保违法违规的典型案例。每次督查完都会发通报，向全社会公布检查出的关键问题，促使当地党政机关领导和相关责任单位真正提高认识，深刻领会到问题的严重性，扎实整改，并且还会对发现的问题进行回头看，紧盯整改措施和整改效果。这就是通过通报形成了利剑高悬的作用，让原本不受重视的工作立刻成为重要的任务。

（三）情况类通报

情况类通报，就是上级机关把一些重要情况告知所属单位和群众，让他们了解情况，实现上下协调一致，达成共识，统一步调。如对于一些社会热点问题，各方舆论态度不一，各说各话，甚至会出现歪曲事实的现象时，情况通报就是最有力的武器。

武汉市中心医院原眼科医生李文亮，在2019年底新冠疫情暴发前期率先向外界发出防护预警，后来遭受到各种非议。2020年2月7日，国家监委成立调查组，就群众反映的涉及李文亮医生的有关情况依法开展调查，调查结果以通报的形式向社会公布。3月19日，央视的新闻联播播报了《关于群众反映的涉及李文亮医生有关情况调查的通报》，在社会上引起了极大的舆论效应，压制了许多谣言。

四、通报的写法

（一）标题

通报的标题一般由发文机关名称、事项和文种三要素构成，比如《国务院办公厅关于对违反国家规定集资问题的通报》。还可以采用"事项+通报"或仅用"通报"二字构成的简化式标题，如《关于给英勇救人的李

××同志记功表彰的通报》。

(二) 主送机关

通报的主送机关有两种情况，一种是广而告之的，可以不写主送机关；另一种是限定范围的，需要在标明主送机关的位置上把范围限定清楚。

(三) 正文

通报的正文主要介绍通报的事件或人物，一般要把缘由、时间、地点、经过、结果、要求等交代清楚，分析事件的性质和意义，发出指向性的号召。

通报主要结构为三段式：

第一部分，说明表彰或批评的原因，写清楚先进事迹或错误事实的经过，用叙述的手法真实客观地反映事实。

第二部分，对所叙述的事实进行准确分析，给出中肯的评价，做到不夸大、不缩小，使人们能从好的人和事中得到鼓舞，从错误中吸取教训。

第三部分，对表彰的先进或批评的错误作出嘉奖或惩处，最后还要针对现实的需要，发出号召或提出要求。

1. 表彰类通报

表彰类通报先介绍先进事迹，文字要简明扼要；概括评析和指出向先进典型学习的主要内容要详尽具体，具有感染力；最后发出号召、提出希望与要求，做到实事求是，恰如其分。

2. 批评类通报

批评类通报先要阐述被通报单位或个人的主要问题、情节，错误的性质、动因；再陈述对所通报的错误、问题或事故的处理意见和决定；最后提出告诫性要求，指出应从中吸取教训，以儆效尤。

3. 情况类通报

通报的正文首先要交代所通报的情况，对主要情节进行客观阐述；然后在对客观事实分析的基础上，表明发文者的要求和意见；一般情况通报，也可以不提出具体的要求或希望。

五、通报的写作技巧

（一）事例要足够典型

通报具有很强的宣传教育意义，所选事例一定要足够典型。表彰类的，一定要选取在某方面作出突出贡献的人或事。

某地市的县级机关，通报了一起违反中央八项规定的案件。一位科长赴当地企业调研，调研结束后在该企业食堂用餐，当日用餐人均消费超过了150元，被给予通报批评。这则通报看上去并没有什么问题，确实是通报一起违反规定的案例，但后来检查该县发现存在连锁式腐败，接连很多领导干部被查出存在严重违规违纪问题，这位科长更是被查出受贿高达300余万元。这样对比来看，之前的那则通报就是避重就轻，缺乏典型性了。当地的领导干部看了通报，心里肯定是很不以为然，只会觉得是那位科长倒霉，撞在了枪口上而已，不会真正进行反思和改变。

（二）内容要真实准确

通报是广泛印发的，所通报的事件必须经过严谨的考察核实，表彰的内容如果不实，会引人反感，让人觉得弄虚作假；批评的内容不实，会让人心中不服，会起反作用。

曾经有个县表彰道德模范，表彰一位十年如一日辛勤照顾瘫痪婆婆的儿媳妇。结果表彰一发，收到很多反馈意见，大家都反映这个儿媳名不副实。经过调查，这个儿媳妇是请了护工在照顾，并且婆媳关系也不好，她的丈夫是县委某领导的同学，找关系打招呼才给她评了个道德模范。这就是缺乏真实性，导致通报闹出了笑话。

还有一个例子，国家电网某市电力公司就曾因为一起通报表彰造假，被巡视组查处。2019年3—6月，中央巡视组对国家电网有限公司党组进行了常规巡视。8月，巡视组反馈了14个问题，提出了七个方面的整改意见，指出了某市电力公司先进班组事迹造假问题。

该市首座核心区220千伏地下变电站自1999年投运以来，承担着市核心区供电保障任务，年供电量相当于部分省份全年供电量总和。因该站运维管理人员全部由女性担任，故该工作团队被称为"巾帼班"。3月7日，国际妇女节前夕，某知名媒体发布文章，文章围绕变电站中的故事展开，赞扬了一代又一代在地下20米的变电站中坚守、确保用电安全的女电力人的奉献。4月，"巾帼班"获评"全国工人先锋号"。据报道称，变电站共有地下三层，最深处到地下19.4米，每一层面积有4000平方米大小。走进开关室，101面开关柜左右两侧一字排开，每面柜有一人多高，一面开关柜上、中、下要检测三个测试点，这一圈下来，班组成员相当于每人得做300个深蹲动作。相关人员接受采访时表示，24小时值班时间内，要对站内所有设备做5次检查，以确保站内设备运行稳定。如果是重大活动保电期间，要每2小时巡视一次。

但实际情况是，变电站从2010年12月起已全面实现了无人化值守。上述各种宣传材料都是造假的。2019年9月19日，国家电网公司推进中央巡视反馈意见整改工作会，指出要严肃查处"巾帼班"事迹造假问题，对该市电力公司党委、电力检修公司党委进行党内通报批评，对电力公司主要负责人等4名班子成员及15名相关党员干部进行严肃问责，给予党纪处分。

（三）结论导向要清晰

通报最后一定要有导向性的号召，并且要明确。我见过一些把通报写成了通知的情况，本来前面是通报反面典型，结果结尾处不是要求吸取经验，而是又安排了很多工作任务，这种情况，直接发通知就行了，不必写成通报。

（四）语言风格要恰当

通报具有教育意义，语言色彩要恰到好处。有一些表彰类的通报，语言过于浮夸，把当事人包装成圣人，吹到天上，身边熟悉他的人看了都觉得尴尬。所以通报还是要尽量务实，不要过度包装，过分拔高人物形象。

通报范文一

关于表彰 2021 年度优秀公务员的通报

各科室、委属单位：

2021年，在市委、市政府的正确领导下，全委广大干部职工紧紧围绕市委、市政府"主攻工业、三年翻番"工作目标，开拓创新，锐意进取，在打好主攻工业攻坚战、服务全市工业和信息化建设工作中发挥了积极作用，涌现出了一批工作努力、奋发有为的先进个人。经民主推荐和测评，委党组会审定，决定授予廖某、刘某、韩某、钟某、刘某五位同志"优秀公务员"荣誉称号。

希望受表彰的同志谦虚谨慎，再接再厉，在主攻工业、打好"六大攻坚战"工作中再创佳绩。全委广大干部职工要以先进为榜样，与时俱进，开拓创新，扎实工作，为加速推进全市工业和信息化工作，确保全面完成今年各项目标任务，打好"六大攻坚战"作出更大的贡献。

中共××市某委员会党组
2021年12月20日

通报范文二

关于××市生态环境局扶沟分局有关工作人员泄露举报人信息违法违纪问题的通报

各省、自治区、直辖市生态环境厅（局），新疆生产建设兵团生态环境局：

2021年2月2日，××电视台《都市报道》栏目报道了××县××乡××村村民反映环境污染问题被企业相关人员殴打问题后，我部高度重视，立即责成××省生态环境厅对媒体报道的情况进行调查核实。现将有关情况通报如下。

一、查处情况

据××省生态环境厅调查，2021年1月21日，举报人通过环保投诉热线举报××县××肠衣综合加工有限公司异味污染问题。××市生态环境局××分局执法人员李某接到上级转办的投诉举报情况后，故意将举报人信息泄露给该企业，致使举报人被该企业负责人叫到厂内并受到威胁、殴打。

媒体报道后，××省生态环境厅督促当地政府进行调查核实。经查，该公司污水处理设施未建成、废气处理设施未安装，擅自投产，向渗坑排放严重超标废水以及各种废弃物随意倾倒堆存、恶臭严重。

针对上述问题，当地生态环境部门已责令该公司停产整治。企业相关人员因涉嫌犯罪已被当地公安机关刑事拘留。当地纪检监察机关已对李某违纪问题立案，正在审查调查。

二、有关要求

近年来，全国生态环境系统坚决贯彻落实党中央关于全面从严治党要求，以党的政治建设为统领，深入推进思想建设、组织建设、作风纪律建设，层层压实责任，狠抓作风养成，完善廉政机制，打造生态环保铁军。但仍有少数工作人员法纪意识淡薄，作风涣散，顶风违纪，造成了恶劣影响。各级生态环境部门务必举一反三，深刻吸取教训，坚持正风肃纪，强化使命担当，加强生态环境保护综合行政执法队伍建设，为深入打好污染防治攻坚战提供有力保障。

（一）进一步提高政治站位。投诉举报是人民群众参与生态环境治理和监督的重要方式，办理好投诉举报案件是生态环境部门提高政府公信力的重要举措，也是坚持以人民为中心的具体体现。切实解决人民群众身边的热点难点问题是增强"四个意识"、践行"两个维护"的具体行动。站在新的历史起点上，生态环境保护综合行政执法队伍必须牢记生态环保铁军的初心使命，提高政治判断力、政治领悟力、政治执行力，严格规范公正文明执法。

（二）规范案件调查程序。各级生态环境部门要畅通投诉举报渠道，健全举报奖励制度，及时查处各类环境违法行为。要完善举报保护机制，压实投诉举报受理、具体案件办理、查处结果反馈三个环节的保密责任。对生态环境执法工作人员在举报受理和查处过程中推诿拖延、通风报信、玩忽职守、徇私舞弊、弄虚作假、误导欺骗，违规泄露举报人信息、企业商业秘密等违法违纪行为，要依法严肃查处。对造成不良后果、影响恶劣，且情节严重的，坚决予以开除。

（三）不断强化法纪刚性约束。泄露举报人信息表面上看似是执法人员保密意识淡化，背后隐藏的可能是利益纠葛。个别执法工作人员丧失警惕，成为被"围猎"的对象，甚至借机敛财，充当环境违法的保护伞。各级生态环境部门要以案为鉴，紧盯重点岗位、重点领域、重点人员，系统梳理廉政风险，落实防控措施，一体推进不敢腐、不能腐、不想腐。要把纪律和规矩挺在前面，严格执行《环境执法人员行为规范》等纪律要求，养成知敬畏、存戒惧、守底线的高度自觉，建设风清气正的执法队伍。坚持严格执纪、动真碰硬，对违纪违规行为坚持"零容忍"，发现一起、查处一起、通报一起，绝不姑息。

特此通报。

生态环境部办公厅

2021年2月10日

通报范文三

关于群众反映的涉及李文亮医生有关情况调查的通报

2020年2月7日，国家监委成立调查组，就群众反映的涉及李文亮医生的有关情况依法开展调查。现将调查情况通报如下。

一、李文亮医生基本情况和转发、发布有关微信信息的背景及过程

李文亮，男，满族，1985年10月出生，辽宁锦州人，中共党员，工作中因感染新型冠状病毒引发肺炎于2020年2月7日不幸去世，生前系武汉市中心医院眼科医师。

2019年12月，湖北省中西医结合医院、武汉市中心医院后湖院区、武汉市红十字会医院等陆续收治了一些不明原因肺炎病人。12月27日，湖北省中西医结合医院呼吸与危重症医学科主任张继先向医院报告了其接诊3例不明原因肺炎患者情况，医院将此情况上报武汉市江汉区疾控中心。当天，武汉市疾控中心安排给此3例病人做了流行病学调查和检测。12月29日，湖北省中西医结合医院又报告发现4例来自华南海鲜市场的不明原因肺炎病例。武汉市卫健委组织专家团队进行调查，当天晚上将相关病人转诊至武汉市金银潭医院。考虑到全市多家医院发现类似病例，武汉市卫健委分别于12月30日15时10分、18时50分在系统内下发部门文件《关于报送不明原因肺炎救治情况的紧急通知》《关于做好不明原因肺炎救治工作的紧急通知》，要求做好不明原因肺炎救治工作，全面开展华南海鲜市场相关肺炎病例搜索和回顾性调查。该两份通知分别于当天15时22分和19时许被人上传到互联网上。

2019年12月30日17时30分左右，李文亮医生收到同事发给他的信息，17时43分，李文亮医生以"李文亮　武汉　眼科"昵称在微信

群"武汉大学临床04级"中转发、发布"华南水果海鲜市场确诊了7例SARS""在我们医院后湖院区急诊科隔离"等文字信息和1张标有"SARS冠状病毒检出〈高置信度〉阳性指标"等字样的临床病原体筛查结果图片、1段时长11秒的肺部CT视频。18时42分,又在该群发布"最新消息是,冠状病毒感染确定了,正在进行病毒分型""大家不要外传,让家人亲人注意防范"。同时,类似信息也出现在其他微信群中。被人上传到网上的武汉市卫健委两份部门文件,与李文亮医生等人转发、发布的信息,引发关注和讨论。

二、李文亮医生接受公安机关谈话、训诫和医院谈话情况

2019年12月31日13时38分,武汉市卫健委发布《关于当前我市肺炎疫情的情况通报》说,"已发现27例病例""上述病例系病毒性肺炎",并称"到目前为止调查未发现明显人传人现象,未发现医务人员感染"。多家媒体对此进行了报道。按照武汉市关于不明原因肺炎疫情防控工作安排,武汉市公安机关依据传染病防治、治安管理等法律法规,以及市卫健委的情况通报,对在网上出现的转发、发布SARS等传染病信息情况进行了调查处置。2020年1月3日13时30分左右,武汉市公安局武昌分局中南路派出所与李文亮医生联系后,李文亮医生在同事陪同下来到该派出所。派出所副所长杨某安排负责内勤的民警胡某与李文亮医生谈话。经谈话核实后,谈话人员现场制作了笔录。李文亮医生表示,在微信群中发有关SARS的信息是不对的,以后会注意的,谈话人员对李文亮医生制作了训诫书。李文亮医生亦持有1份训诫书,于14时30分许离开派出所。谈话人员为内勤民警胡某和1名辅警,胡某在训诫书上签上了自己的名字和当天值班民警徐某的名字。实际上,徐某未参加谈话。

此前,李文亮医生在微信群里发的信息被人在互联网上大量转发之后,2019年12月31日上午,武汉市中心医院有关领导和李文亮医生进行

了谈话。李文亮医生在谈话中表示，他把未经核实的有关SARS等信息转发到同学群中，目的是提醒群内同学注意防范。医院让李文亮医生写一份认识材料。至李文亮医生生病住院前，其一直在医院眼科医师岗位照常工作。

三、李文亮医生发病、治疗、抢救情况

2020年1月10日，李文亮医生出现发热，1月12日入住武汉市中心医院眼科病房，1月14日转入呼吸与危重症医学科三病区，1月23日转入呼吸与危重症医学科重症监护室，2月7日不幸去世。

2019年12月9日，李文亮医生从眼科门诊轮转到眼科病房工作。2020年1月6日，李文亮医生收治了一名82岁的眼病患者。该患者1月7日发热，后确诊感染新冠病毒，于1月23日病逝。1月10日，李文亮医生开始发热，在武汉市中心医院发热门诊就诊。

1月12日，李文亮医生在武汉市中心医院眼科二区住院，入院诊断为右眼急性结膜炎、肺部感染。1月14日，李文亮医生双肺感染加重，转入呼吸三区病房。呼吸三区安排李文亮医生住单间隔离，组织专人轮班护理，即时监测血氧饱和度、心率、血压，给予呼吸支持和抗病毒、抗感染、化痰、护胃等对症支持治疗，使用激素和丙种球蛋白。1月15日至1月18日，根据李文亮医生的病情，主诊医生适时调整有关药物和治疗方式。

1月19日，李文亮医生间断发热。下午，医院呼吸与危重症医学科主任医师、新冠肺炎院内医疗救治专家组组长查看李文亮医生病情，提出治疗意见。当晚，医院请华中科技大学同济医院呼吸与危重症医学科教授、武汉市新冠肺炎救治专家组组长为李文亮医生会诊。

1月20日至22日，李文亮医生没有发热，但喘气症状仍然较重。1月15日、19日、20日、21日，新冠肺炎院内医疗救治专家组组长、副组长等院内专家多次查看李文亮医生病情并提出诊疗意见。

1月22日23时50分许,李文亮医生如厕后出现喘气、呼吸困难等症状,血氧饱和度下降至88%,经治疗后症状稍缓解。主诊医生再次告知其病情较重,征得其同意后,于1月23日凌晨3时30分许将李文亮医生转入重症监护室。

1月27日以前,武汉市包括市中心医院在内的多数医院不具备核酸检测资质和条件。经设施改造升级后,1月27日武汉市中心医院开始试运行核酸检测。1月28日、1月31日,医院先后两次对李文亮医生做了核酸检测,第一次结果为阴性,第二次结果为阳性。1月31日,李文亮医生确诊感染新冠病毒。

1月31日至2月3日,李文亮医生无发热,呼吸急促有一定缓解,但精神、食欲欠佳。2月4日中午,出现呕吐,咳嗽频繁,伴喘息加重,经治疗后症状缓解。2月5日,李文亮医生无发热,但静息状态下仍有喘息、气促,床边胸片提示右侧肺炎加重。2月6日,李文亮医生肺部病变严重,且病情有进一步恶化风险。经院内专家组会诊,建议转到条件更为专业的后湖院区,经征得李文亮医生及其家属同意后,于18时20分许,由主诊医生和两名护士陪护李文亮医生转院区。18时55分许,到达武汉市中心医院后湖院区。

2月6日19时20分,李文亮医生出现神志模糊,心率、血压进行性下降,立即推注肾上腺素强心,开放血管通道积极补液扩容提升血压。同时进行气管插管,有创呼吸机维持呼吸,持续胸外按压。21时30分,上体外心肺复苏仪,辅助持续胸外心脏按压,继续进行心肺复苏抢救,并给予积极的药物复苏。22时40分许,使用医院从武汉亚心医院借来的ECMO(体外膜肺氧合机,俗称"人工肺")对李文亮医生进行治疗。经武汉市卫健委协调,北京协和医院专家赶到抢救现场。2月7日凌晨2时58分,李文亮医生心电图呈直线反应，宣告临床死亡。3时48分，医院发布了李文亮医生去世的消息。

组织抢救的医生说，李文亮医生是我们的同事，又很年轻，我们不希望他走，只要有一点希望我们就不愿放弃，当时没有想其他任何因素，就是想救活他，所以抢救了很长时间。李文亮医生的主诊医生表示，虽然没能挽回李文亮医生的生命，但对他的治疗是规范的，抢救是及时的，大家尽了最大努力。据为李文亮医生会诊的院外专家讲，从李文亮医生病案看，医院治疗比较规范，能够根据病情调整药物和措施。医院建议采取和实际采取的重要医疗措施，均征求了李文亮医生或其家属意见。

四、李文亮医生去世后抚恤、善后情况

李文亮医生不幸去世后，武汉市中心医院成立工作专班，全面负责抚恤、善后工作。2月7日下午，市中心医院领导分别探望慰问了李文亮医生的父母、妻子和孩子。应李文亮医生妻子的要求，安排她和孩子在有关医院进行休养。

经武汉市中心医院申请，武汉市人力资源和社会保障局已认定李文亮医生为工伤。根据有关规定，目前已全额发放了工亡补助金，核发了丧葬补助金。保险公司已向李文亮医生家属赔付了捐赠保险（针对抗击新型冠状病毒感染肺炎疫情的一线医护人员）。武汉市中心医院工会号召职工为李文亮医生及其家属进行了捐款，武汉市红十字会收到了定向爱心捐款，以上捐款均已转交李文亮医生家属。3月4日，国家卫健委等部门印发决定，表彰全国卫生健康系统新冠肺炎疫情防控工作先进个人，其中有李文亮医生。

五、工作建议

由于中南路派出所出具训诫书不当，执法程序不规范，调查组已建议湖北省武汉市监察机关对此事进行监督纠正，督促公安机关撤销训诫书并追究有关人员责任，及时向社会公布处理结果。

国家监委调查组

2020年3月19日

第三节 报 告

一、报告是什么

报告是向上级机关汇报工作，反映情况，答复上级询问所使用的文体，属于上行文。上级单位了解工作情况，最普遍的方式就是通过工作报告，因此报告也是体制内经常使用的一种公文。

在机关工作的领导和同志们，对于下属单位的工作除了实地调研、平时通过电话进行沟通交流，要想全面地了解某项工作下面干得怎么样，有没有什么问题，与预期的目标有多少差距，还得靠书面的报告。比如《关于政府年度工作总结报告》《关于高精尖人才引进工作的总结报告》《关于落实不忘初心、牢记使命主题教育工作情况的报告》等，都属于报告的范畴。

二、报告的分类

报告按照内容可以分为综合性报告、专题报告和例行工作报告三类。

（一）综合性报告

综合性报告是全面总结工作情况的报告，如政府的年度工作报告，涉及面很广，写作难度也很大，一般都需要群策群力。这种报告既要面面俱到，又要重点突出，不仅需要对工作有全面的了解，而且还需要对重点工作有深刻的认识。写这种综合性报告的人，一般都是一个单位或一个系统内的"笔杆子"。

（二）专题报告

专题报告是有针对性地总结某项工作的情况的报告，如安全生产年度工作报告、党建年度工作报告，等等。专题报告的内容单一，具有一定的专业性，一般是按照既定提纲总结专项工作的开展情况、取得的成绩、存在的问题和下一步打算。

（三）例行工作报告

例行工作报告是下级单位按照上级的工作要求，定期报送的专项报告，这类报告有的是文字性总结，有的是数据类报表，也有的是文字报告和数据报表相结合的报告。

三、报告的写作技巧

一篇好的专项工作报告，要结构清晰，重点突出，表达流畅。优质的报告，就像一朵出水芙蓉，让人一看就神清气爽、心旷神怡，并且阅读者能很容易找到核心内容，数据和案例也都呈现得恰到好处。

（一）事先要充分收集材料

工欲善其事，必先利其器，要写好总结报告，事先必须充分收集材料。尤其是写专项工作报告，往往是聚焦于某一个专业领域，而且是周期性的。对于写材料的同志来说，除了要熟悉这一领域的工作，还必须注意积累支撑报告的素材。

我刚开始写专项报告的时候，不仅速度特别慢，而且内容很空洞，读来令人乏味。后来我暗中观察身边的一位"笔杆子"，发现他平时特别注意收集材料，每写一个报告前，都要备足各种参考材料，一篇两千字的报告，可能背后需要两万字的素材。

这个道理就说明没有上等的食材，就算是米其林的大厨，他也做不出美味佳肴。

收集材料，看似简单，这其中玄机也不少，下面我分享四点技巧。

1. 搜集历年来这项工作现成的报告

大部分报告都是周期性的，比如季度、年度。以前的报告如果形成了固定的套路，那么按照之前报告的写作方法去写，自然是事半功倍。

2. 科学地要求别人报送材料

向别人（一般是下属单位）要材料，我们一定要注意方式方法，下发提纲的时候，一定要多角度换位思考，站在收文对象的角度设身处地去考虑，把工作要求和本单位的实际情况结合起来，不要只是简单粗暴地当个二传手，把上级文件转发给下属单位就算完事。这样很容易让别人陷入误区，不知道该怎么落实。基层单位都是干具体业务的，越往下越聚焦细节，越往上越宏观，所以我们在部署工作时一定要因地制宜，有针对性。做好传话筒、翻译员，把上级要求结合下属单位的实际情况转化成容易理解的语言和描述，防止传话过程中出现变形和走样。

3. 巧妙利用各种渠道

我们要利用一切能拿到各种材料的渠道，包括单位的内网、OA办公系统、微信公众号、部门的共享文件夹、搜索引擎、专业论文期刊及公文写作的书籍等。这些渠道不但能给我们提供许多写作的素材，而且还能启发我们在写报告时的思维与灵感。

我们单位一位老同志，写东西特别痛苦，别人是"文思如泉涌"，他是怎么也写不出来。大晚上的，他经常是一根烟接着一根烟地抽，屏幕上的字敲了又删，删了又敲。我告诉他可以上各种文库先查查资料，看看别人的文章，找找灵感。后来他跟我说，他用了这个法子，果然有效，起码下笔时不会茫然无措。

4. 通过平时调研与工作交流掌握真实情况

如果对基层了解不深，工作就浮于表面，写出来的报告也就缺乏生命力。有的机关干部，屁股特别沉，天天待在办公室，从不去实地看看，当面问清楚，对基层真实的情况一知半解，只会做些表面文章，讲起话来都是些空话、套话，不接地气，肚子里面没有干货。所以我们要把总结写好，就必须把工作干得扎实，得做到"脑中有料，心中有谱"，少坐椅子多走路，勤下基层少摆架子，利用各种机会多了解基层情况，不把自己束之高阁，摆脱官僚主义。

（二）用凝练化的表述形式

这几年，从上到下都讲究杜绝形式主义，要求开短会、讲短话、写短文。报告这种文体是最容易写成长篇的，我见过最长的报告，单篇字数甚至过万。真正写过材料的人都懂，文章写得长相对容易，写得短反而更难。因此，我们必须要掌握总结提炼的技巧。

当然，在完成资料收集之后，面对手头的一大堆材料，我们很容易感到心乱如麻。下面我就来分享几点把海量资料变为漂亮报告的技巧。

1. 用关键词堆积法找灵感、搭结构

当收集到足够的资料后，我们第一步就是要确定整篇文章的框架结构，也就是该怎么分段，每段该写点什么。对于高手来说，搭框架这个过程脑子里大概一想，两分钟就能基本搞定。但对于新手来说，可能就得经历一个苦思冥想的过程了。

不过，也有科学的方法——关键词堆积法。

第一步，把你收集到的材料先大致浏览一遍，从每篇文章中找到最核心的几个关键词或关键句，把它们全复制粘贴到一个文件里。

第二步，泡一杯咖啡，休息一下手腕和眼睛，厘清一下思路。

第三步，把这些关键词能归类的归类，能关联的关联。

第四步，归类完成后，相信你脑中自动就会有文章结构的大体样子了。

其实，那些写公文的高手，在搭文章框架时，除了依靠身经百战的经验，大脑里运行的也是这么一套推演的逻辑程序，可谓是"我亦无他，惟手熟尔"。

2. 用点面结合法抓重点、说亮点

所谓点面结合法，是每位写公文的高手的必备锦囊，以点带面，以面概点，点面结合，虚实有道，要做到既突出亮点，又面面俱到。

（1）以点带面。就是说到某项工作时，点几个典型的例子，让读者举一反三地脑补出全局的画面。

比如在疫情防控阻击战的工作总结中写到党员领导干部发挥先锋模范带头作用，可以先简单描述本单位整体情况，如："疫情期间，全厂327名党员签订了抗疫奋斗书，坚决发挥先锋模范作用，始终坚守岗位，保障消杀物资有序生产"。然后再点具体的案例，如："生产二组的班长王×同志接到命令，大年初一义无反顾地从贵州老家连夜赶回车间，带领班组同志全力以赴恢复生产，甚至在生产线上连续奋战35个小时，困了就在车间里打个地铺，饿了就靠泡面充饥，用自己的实际行动践行了一名合格党员的使命，全力保障了抗疫一线的消毒酒精供应"。

这就是以点带面，通过具体案例让读者在脑海中举一反三，联想出更多的案例与画面。

（2）以面概点。就是在描述某项工作时，提高站位，以全局性、综合性的视角去阐述，不落到具体事例上。以面概点常常被用在揭示某项工作存在的问题上。比如，在加快建设科技强国的文章中，提到当前科技工作存在的问题时就用了以面概点的表述方式。

经过多年努力，我国科技整体水平大幅提升，我们完全有基础、有底气、有信心、有能力抓住新一轮科技革命和产业变革的机遇，乘势而上，大展宏图。同时，也要看到，我国原始创新能力还不强，创新体系整体效能还不高，科技创新资源整合还不够，科技创新力量布局有待优化，科技投入产出效益较低，科技人才队伍结构有待优化，科技评价体系还不适应科技发展要求，科技生态需要进一步完善。这些问题，很多是长期存在的难点,需要继续下大气力加以解决。

这其中所指出的每一项问题,背后都有许多案例和分析作为支撑,只是这个讲话的目的在于提振科技界的士气,鼓励科技工作者有所作为,所以谈问题时用概况的方式以面概点,并不需要展开详述。

3. 建立金词金句"藏经阁",为文章画龙点睛

人靠衣装马靠鞍,好文也要贴瓷砖。古往今来,每个时代都有独特的文风,每个时代都有一些公文常用的金词金句。

从战国时期孟子的"鱼,我所欲也;熊掌,亦我所欲也",到秦末项羽的"力拔山兮气盖世,时不利兮骓不逝",到唐朝李白的"朝辞白帝彩云间,千里江陵一日还",到宋朝苏轼的"但愿人长久,千里共婵娟",到清朝曹雪芹的"满纸荒唐言,一把辛酸泪",再到当今的"宁要绿水青山,不要金山银山"……

一篇优秀的公文,少不了夺人眼球的词句。我们完全可以给自己搭建一个词句"藏经阁",把看到的一些优秀的文章保存起来,把一些亮眼的词句摘抄出来,平时没事多学学。

(三)用逻辑思维来阐述观点

报告要想写得出彩,必须要有很强的逻辑思维。就好比一棵大树,主旨思想就是它的树干,文章结构则是它的分支,文字表述就是树叶,只有逻辑清晰,树的养分才能流畅地灌输到每一片枝叶。缺乏逻辑,文章的本意就很难让人理解,而通过公文写作来养成逻辑思维能力,对个人能力的提升也十分有益。

在写报告的时候,我们可以遵循金字塔原理,它有三项基本原则。

一是结论先行,一般把中心思想、核心观点摆在前面,也可把各类观点作为自然段的标题。

二是归类分组,合并同类项,把零散的事情归类,按类别放在一起,

再通过合理的逻辑顺序把不同类别的内容串联起来。

三是逻辑递进，每个局部自然段，按照一定逻辑展开描述。

（四）用数字化的表现方式

报告不是文学作品，一定要定量和定性相结合，也就是要有数据，用数字说话，数据能够直接地展现真实情况。

扶贫工作总结报告有这么一句话："我们今年在扶贫方面多措并举，重点帮扶了贵州和云南一批贫困县，通过产业协同带动了当地就业与经济发展。"

初步看上去，这话描述得没什么问题，但是总感觉有些苍白无力，那么如果改成下面这种说法，是不是会好很多呢？

我们今年在扶贫方面多措并举，采用产业扶贫与定点帮扶相结合的方式，当年投资4500万元，在贵州和云南等地的7个贫困县投资开设了19家企业，每年能够为这些贫困县累计创收2100万元，解决贫苦地区980人的就业问题。

定量与定性相结合，要比干巴巴的描述生动翔实得多，如果需要展现的数据量大，还可以用报表的形式来呈现。

（五）用创新性的思维方式

写报告最容易陷入套路的泥潭，在日复一日的消磨中丧失了热情，在年复一年的码字中丢掉了新意。报告要想抓人眼球，靠的是创新，大家如果对自己有更高的要求，不妨试试用创新的意识去提升报告质量。

报告是最容易写成八股文的一类文体，如果只是为了应付工作，八股文一点倒是没什么问题，如果想要在完成报告的基础上写出高质量的报告，那么就需要用创新的思维武装头脑，把旧材料写出新高度。

我在实际工作中有个体会，工作往往是由前辈或同事交接给我们，他们会把什么时间该写什么报告，报告每年怎么写的跟我们一一交代清楚。

有的朋友可能墨守成规，以前的同事报告怎么写，他也就完全照搬。在不熟悉工作时，依葫芦画瓢是个好办法，但熟悉工作后，每项任务怎么办、每份材料怎么写，最好还是要有自己的思路。

很多朋友困惑于如何把每年的专项总结报告写出新意，下面介绍几种方法。

1. 联系实际求创新

在不同时期，总是有些新的情况、新的变化，比如，外部环境发生变化，政策规定发生变化，上级又有新的要求，下级在组织落实时遇到新的情况等。所以，我们在起草文件时，就要紧紧抓住这些变化去思考问题。可以说，只要和实际结合得紧，就有用不完的素材，写不完的新话。比如，2018年是贯彻党的十九大精神的开局之年，总结报告基本都要围绕这个背景展开；2019年是临近"十三五"收官的前一年，很多报告都要围绕这一主题来描述；2020年是举国抗击新冠疫情的困难的一年，其报告很多都会带上复工复产、疫情防控等背景。

2. 视角变化求创新

同一个问题，从不同的角度去认识，可以引出不同的话题，这样不仅可以避免重复，而且有利于思想与时俱进。比如，分析工作问题时，今年可以从体制机制找问题，明年可以从政策落实找原因，后年可以从人才队伍上找原因，从不同的角度切入，就有不同的写法。

3. 思路转换求创新

在阐述问题的过程中，我们要抓住不同内容的不同特点，用不同的思路、不同的结构来写，摆脱一成不变的八股文的结构。之前一位老同事移交给我每年都要写的一份专项报告，我看他七八年都没改变过结构和写法，有些原本重要的情况如今早已变化。我接手后，通过实际调研，掌握情况，调整了报告的框架，报给了领导。当然，这一次的报告让领导很满意。

4. 表述方法求创新

同样的内容有多种表述方法，变化一下，就能写出不同的稿子。每年都有一些社会流行的金词金句，这些词语如果能和报告结合，会显得报告贴近实际，有时代特色。

比如，2019年有个词特别火，叫"打卡"，它本来说的是旅游时拍照留念到此一游。一次，我在一篇关于杜绝形式主义、官僚主义具体情况的工作报告里看到这个词，感觉十分形象，里面有一句："2019年，为杜绝形式主义，各级领导深入贯彻关于调查研究的有关指示，减少文山会海，转变调研方式，将过去打卡式的调研转变为以问题为导向的深入调研。"

"打卡"这么一个小小的流行词，给原本枯燥的主题报告增加了活力，让人眼前一亮。

四、报告写作常犯的错误

我刚工作的时候，写的报告总是被领导改得面目全非。对于写材料的人来说，每一个句子都浸染着心血，每一个段落都凝结着辛劳，每一篇文稿都含有不眠之夜的苦思冥想。可是，好不容易得来的劳动果实却不被承认和爱惜，这到底是为什么呢？原因在于：报告不同于文学作品、理论文章和新闻报道，它的功能就是直接为决策服务，为领导工作服务，为治国理政服务的。换言之，它是决策的载体，是执政的工具，是上传下达的纽带，是解决问题、促进发展的依据和指南。

很多朋友在写报告时，会犯下面几种错误。

（一）轻内容，重结构

首先不是考虑文稿要解决什么问题，要怎样表达思想和观点，而是考虑结构要搞得多么紧密、有序、完整。不少文稿特别是领导讲话、工作汇报、调研报告等，往往被那种陈旧的"三段式"套牢，大三段套小三段，小三段套三层次，从头至尾都是"三"，似乎无"三"不成文，令人看了就烦。

当然，如果内容和结构能达到完美结合的话，"三段式"不是不可以，但有些同志对这个可爱的"三"简直到了痴迷的地步。明明两个部分可以写完，也非要七拼八凑拉长为"三"，或者明明要分作四个部分，也要削足适履压缩为"三"。这样，不仅使文稿成了千篇一律、千人一面的格式化、八股文调的文章，更严重的是掩盖或者割裂、淡化了内容，导致重点不突出、指向不集中，起不到应有的作用。

（二）轻实用，重文字

文字是文稿的细胞，重视遣词造句，讲究语法修辞，力求文句通顺，当然都是正确和必要的。就文字而言，其实也没有多么神秘多么复杂，能够把话说清楚、说准确、说到位，清清爽爽、干脆明白，不含糊其词，没语病就可以了。但有的同志偏偏对文字过于"较真"，不惜把大量时间和精力花在咬文嚼字、斟词酌句上。写出来的材料辞藻堆砌，差不多成了散文诗。有的人刻意追求句式整齐、对仗，不仅标题非排比句不可，连文字叙述也到处出现排比句，而且大多是为了排比而排比，生拼硬凑，牵强附会，看似气势宏大，实则是玩文字游戏，对实际工作又有何益处呢？

（三）轻质量，重篇幅

机关公文首先必须注重质量，注重实在、管用，内容与篇幅必须"尺寸相符"，宜长则长，宜短则短。而有的同志则不管内容多少、质量好差，首先考虑的是要把篇幅拉长，似乎不写长点儿就不像文章，显示不出自己有水平，于是一篇报道动辄五六千字，甚至一两万字。

本来讲一个问题就行，非要拆成两三个问题，本来一句话可以说清楚，非要分成两三句来说，实在没词就从网上大段大段地"拿来"，有时连一个短短的通知也要唠唠叨叨地写成一两千字。实际上，太长的文章没人喜欢看，太婆婆妈妈的话反而让人记不住，倒不如那些简洁、明快、朴实的文稿，有一说一，单刀直入，板上钉钉，句句说到点子上，让人印象深刻、容易记住，也便于贯彻执行。

（四）轻效果，重形式

务实是文章的生命，效果是文稿的价值，真话实话最中听，空话套话惹人嫌。长期以来，由于机关文风积弊较深，公文写作中的形式主义、官僚主义也屡见不鲜，甚至习以为常。

有的废话连篇，拖泥带水，动笔就是"在某某的正确领导下，在某某的大力支持下，在谁的共同努力下"；有的空话成堆，空洞说教，开篇就是理论，凡事必谈认识，似乎不这么写就缺乏思想性；有的套话迭出，曲意恭维，对领导讲话的评价必定是"高瞻远瞩""深谋远虑"之类的漂亮话，似乎不这么写就是对领导不尊敬；有的满纸大话，脱离实际，热衷于照抄照搬上级文件和领导讲话，似乎不这么写就是不与上级保持一致。这样的文稿，看似周到全面，无懈可击，但又能有什么实用价值呢？

报告范文

某乡镇人民政府 2017 年工作总结报告

我乡在县委、县政府的正确领导下，全面贯彻党的十八大历次全会精神和习近平总书记系列重要讲话及省十一次党代会精神，按县第十三次党代会工作部署，围绕进一步深化改革这一主题，进一步统一思想转变工作作风，大力抓好农村经济发展，强力推进脱贫攻坚，加大环保力度，促进河长制实施，进一步加快农村基础设施建设步伐，推进基层组织政治建设，把全乡经济发展和社会事业发展推上了一个新的台阶，为实现全年稳增长、促发展的目标打下了坚实的基础。

一、2017 年工作总结

（一）全乡经济平稳发展

一年来，我们紧紧围绕"优粮、旺畜、固桑"的工作思路，不断创新工作方式，狠抓各项措施的落实，全乡经济呈现出平稳发展的态势。产业结构调整稳步推进，2017 年全乡小春农作物总播面积 4206 亩，大春及晚秋粮食作物总播面积 6736 亩，粮食总产 4161.48 吨。畜牧业生产态势良好，生猪存栏 600 头，羊存栏 120 只，家禽存栏 1.9 万只。蚕桑生产成效明显，我乡目前现有桑园面积 850 亩，年饲养僵蚕 1200 张。劳务经济成效显著，按照"农业疲软劳务补"的工作思路，采用走访、座谈、广播、能人带动等方式，动员农村富余劳动力外出务工，狠抓向外输出和就地转移，努力为农民提供就业平台，全乡新增输出转移剩余劳动力 70 余人。

（二）基础设施建设不断加强

乡党委、政府积极争取有利于农村发展的各种项目资金，不断加强基础设施建设，增强农业发展后劲，改善人居环境。完成山坪塘整治6口，村道公路会车位建设34处，提灌站建设3处，垃圾房建设11处，排污管道整治300米。

（三）扶贫工作成效明显

认真做好扶贫产业周转金和到户资金管理发放工作，确保资金有效使用。切实做好重点贫困村建设，对李家山村完成硬化道路2.6公里，新建垃圾房11处，新建安饮工程2处、蓄水池4口，整治山坪塘2口，新建提灌站1座，新栽桑树260亩。

（四）环境保护成效显著，河长制强力推行

加大环境保护力度。划定禁养区限养区，强力关停两处大型养殖场。加大对宝马河水源保护，整治排污渠系300米。严禁焚烧秸秆，制定相应考核机制。强力推行河长制，设立河段长，层层压实责任，组织干部群众对宝马河道漂浮物、水葫芦、两岸白色垃圾、小家禽养殖污染、农业面污染源进行清理和打捞。

（五）社会各项事业协调发展

教育稳步发展。继续深化教育体制改革，全面推行义务教育，入学率、巩固率不断提高。积极申报和实施好学校危房改造等基础设施建设项目，高度重视校园安全及周边环境的整治工作，做到措施具体，责任明确，检查全面，监管有力，落实到位，营造了良好的教育教学环境。宣传文化工作扎实开展，乡党委、政府始终把宣传思想和精神文明建设工作作为一项大事来抓，认真抓好舆论引导，及时报送简报，及时收集舆情信息。卫生事业健康发展，积极开展科技、文化、卫生"三下乡"活动，积极配合上级主管部门开展打击非法行医专项整治行动，净化了医疗市场和药品市场。全乡2017年城乡医疗保险参保率达92%以上。计生工作巩固发展。健全完善人口计生工作新机制，认真落实农业人口独生子女"奖优免补"政策。

（六）安全生产监管落实到位

坚持"安全第一、预防为主、综合治理"的方针，牢固树立"发展是第一要务，安全是第一责任"的意识，严格贯彻落实领导干部安全生产"一岗双责"制度。加强对境内学校、水库坝塘、道路交通、易燃易爆物品等各行业、各领域的安全监管，对学校、农村开展消防安全大检查，广泛宣传消防安全有关知识，进一步增强了广大干部群众的消防安全意识，切实保障了人民群众的生命财产安全。

（七）党的建设不断加强

按照"围绕经济抓党建，抓好党建促经济"的工作思路，加强党的执政能力建设和先进性建设，全面推进党组织思想建设、组织建设、作风建设、制度建设和执政能力建设，全乡形成抓党风促政风带民风的良好局面。

1. 注重六个结合，加强党的基层组织建设

一是注重把乡、村两级党建结合起来。乡党委与各党支部签订党建工作目标管理责任书，重点抓基层、抓基础，通过提高基层工作，促进全乡整体工作水平。二是注重把组织建设与党员发展结合起来，严把党员入口关，保证党员质量。三是注重把规范基层党组织设置与进一步发挥基层党组织的战斗堡垒作用结合起来。四是注重把现代教育设备配置与村级活动场所建设结合起来。全乡6个村级组织均覆盖了现代远程教育网络。五是注重把抓组织建设与发展壮大村级集体经济结合起来。六是注重把村级组织换届与加强干部培训教育结合起来。

2. 积极开展创先争优活动

乡党委大力实施项目推动、科技促动、龙头带动、合作联动，坚持从实际出发，改革创新，以抓实效、促工作为目的，用科学的方法，创新创

先争优活动内容,努力做到"六新"。一是做到开展创先争优活动有新机制。二是做到开展创先争优活动有新举措。三是做到开展创先争优活动有新内容。四是做到开展创先争优活动有新标准。五是做到开展创先争优活动有新方法。六是做到开展创先争优活动有新成果。

3. 党风廉政建设责任制全面落实

严格执行领导干部廉洁自律建设各项规定,全面提升政府执行力和公信力。搭建现代化政务服务平台,提高政务服务效率。严肃村"两委"换届选举工作纪律,为全乡村"两委"换届选举工作营造了良好环境。认真做好案件查办工作,一年来,共收到信访件8件,已调查终结7件。

回顾一年来的工作,我们在看到成绩的同时,也清醒地认识到×的发展还面临不少困难和问题,与周边地区相比还有不小差距。这主要表现在:一是经济结构不合理,农业产业化水平不高,经济增长速度缓慢;二是财政基层较差,财政收支矛盾突出,保正常运转困难较大;三是基础设施薄弱,抵抗自然灾害能力还不足,人畜饮水、农田水利、道路交通、场镇建设、公共服务等基础设施亟待进一步改善;四是土地、林地管理上仍有不少薄弱环节;五是少数党员、干部的创新意识、服务意识有待加强。对于这些困难和问题,乡党委、政府将高度重视,在今后的工作中,采取有效措施,认真加以解决。

二、2018年工作计划

回首2017年,成绩来之不易,令人鼓舞;展望来年,发展充满艰辛,催人奋进。2018年,全乡各级党组织和广大党员干部要在党的十九大会议精神的引领下高举中国特色社会主义伟大旗帜,以强烈的紧迫感和高度的责任感,进一步统一思想,坚定信心,锐意进取,迎难而上,全力做好以下七个方面的工作:

（一）抓党建促脱贫，提高党的执政能力

1. 着力建设学习型党组织

全乡各级干部要大力提倡勤于学习、善于思考、勇于探索的风气，努力建设学习型党组织；要深入扎实开展创优争先活动，切实把广大党员干部的思想和行动统一到中央和省、市、县委的决策部署上来；要坚持和完善党委理论中心组学习制度；要坚持用发展的办法解决前进中的问题，不断开创党建工作新局面。

2. 加强基层组织建设

完善村干部岗位目标考核责任制，落实村干部绩效工资考核制，不断调动村干部工作的积极性，增强村干部的事业心和责任感。

3. 加强基层党风廉政建设

继续落实《党风廉政建设责任制》，坚持标本兼治、综合治理、惩防并举、注重预防，特别是广大党员干部要大兴求真务实之风，进一步改进工作作风，加大对违纪违法案件的查办力度，着力构建教育、制度、监督并重的惩治和预防腐败体系。

4. 深入开展脱贫创优争先活动

深入开展脱贫创优争先活动，永葆党的先进性。着力解决农村党组织与党员队伍中存在的突出问题，着力解决影响农村改革、发展和稳定的主要问题，着力解决贫困人口脱贫问题，着力解决群众最关心、最直接的重点问题。

（二）调优农业产业结构，推进现代农业发展

着力加快农业产业结构调整步伐，着力加大科技实验示范和推广力度，着力健全完善农业社会化服务体系，着力加大资金扶持力度，确保全乡经济平稳较快发展。

切实抓好当前小春作物的管理及各项科技措施的落实，同时，及早做

好来年大春作物的种植规划和落实。加快发展畜牧业，做好重大动物疫病的防控工作，加强对畜产品市场的监管。积极发展蜜梨产业，认真做好蜜梨补植补造工作，巩固蜜梨种植成果。巩固发展蚕桑生产，要巩固现有桑园规模，积极争取上级支持，加大蚕饲养基础设施建设力度，进一步推广僵蚕规模化饲育新模式，降低蚕农劳力和成本，加快桑树品种改良，提高亩桑效益，促进蚕农增收。逐步壮大集体经济。要不断创新机制，盘活集体资产，实现农村集体资产保值增值，不断增强村级集体经济实力，培育新的经济增长点，不断增加农民收入。引导发展劳务产业，要以培育新型农民为重点，不断强化村级的服务功能。继续加强农村富余劳动力培训，增强农民的致富本领。

（三）加大环保力度，推行河长制度，竭力关注改善民生

继续加大环保力度，强力推行河长制。落实各项强农惠农政策，认真落实"一事一议"财政奖补政策。逐步健全社会保障体系，认真落实城乡居民基本医疗保险、最低生活保障制度、农村五保供养政策和农村受灾群众救助制度，落实好军烈属和伤残、病退伍军人等优抚政策，切实关心和支持困难群众和弱势群体的生产生活，确保更多群众共享改革发展成果。加大扶贫力度。继续做好小额信贷扶贫工作，重点扶持发展特色型种植业和规模型养殖业，促进特色种养殖业的规模化、专业化发展，切实增加农民收入。

（四）统筹发展社会事业，促进经济社会发展

优先发展教育事业。推进教育体制综合改革，认真落实义务教育免费政策，保障农民子女100%接受义务教育。积极争取资金，加大教育投入，改善教育教学条件。加大对学校周边环境的整治力度，营造良好的教育教学环境。强化教师师德师风建设，提高教师综合素质。繁荣农村文化市场，大力发展农村体育事业，提高全民身体素质。加大对辖区内文化市

场的监管力度。推进农家书屋建设、农民夜校建设，促进文化信息资源共享。加强农村医疗卫生工作，不断加强农村医疗、预防、保健三级网络建设，提高医疗服务水平。开展爱国卫生运动，做好"禁毒防艾"工作。做好重大疫病的防控工作，预防突发性公共卫生事件发生，确保人民群众身体健康和生命安全。做好人口与计划生育工作，加强农村计划生育和流动人口管理，认真落实好农业人口独生子女奖优免补政策。

（五）高度重视安全生产，营造良好的发展环境

认真落实安全生产工作"一岗双责"制和行政责任追究制，进一步健全完善安全生产制度、保障能力和监管队伍"三项建设"，切实加强对水库坝塘、河道、道路交通、消防、食品药品等领域的安全监管，做到关口前移、重心下移，坚决杜绝各类重特大安全事故的发生。

（六）全力维护社会稳定，携手共创和谐社会

加强社会治安综合治理。严厉打击各类刑事犯罪案件，努力提高刑事破案率，切实维护社会公共安全，营造良好的社会秩序。健全完善突发公共事件应急处置预案，宣传普及防灾减灾知识，提高灾害处置能力和农民避灾自救能力。

落实信访调处工作机制。继续坚持党政领导带头定期接访、领导包案处理等制度，加大社会热难问题的排查调处力度，规范信访秩序，畅通信访渠道，最大限度地避免群体上访和越级上访现象发生。高度重视民族、宗教工作，妥善处理好民族矛盾纠纷，促进各民族团结、稳定和共同发展。

（七）加强精神文明建设，推进民主政治进程

广泛开展群众精神文明创建活动，满足人民群众日益增长的精神文化需求和对美好生活的向往。积极支持各级人大依法行使重大事项决定权和监督权，支持政协履行民主监督和参政议政职能。高度重视统一战线工

作，做好党管武装、民族宗教等各项工作，切实加强对工青妇等群团组织的领导。统筹发展其他社会事业，团结调动一切力量，全面推进全乡民主政治进程。

第四节　请　示

一、请示是什么

请示是指遇到一些重要的事情需要高层领导、上级机关或是业务主管部门决策时，起草的一种上行公文。实际工作中，请示多数情况是呈送给单位内分管本部门的领导的，比如要签合同、举办一个大型活动、对于工作中一些重大问题的处理建议。

请示，说白了就是古代的奏折。还记得中学的时候，我们背过一篇古文，叫《谏太宗十思疏》，这是唐朝时魏徵写给唐太宗的奏章，大意是劝谏太宗居安思危，戒奢以俭，积德行义。这篇奏章，可谓是请示的千古范文，行文生动流畅，言语优美恳切，开头就是"臣闻求木之长者，必固其根本；欲流之远者，必浚其泉源；思国之安者，必积其德义"，用比喻的方式亮明主题，之后徐徐展开，向太宗提出了十点建议。

写请示，是十分考验个人公文写作能力的，因为请示的目的往往是要真刀真枪办事，各级领导都会仔细地看文稿。领导们都清楚，什么是虚的，什么是实的，所以，写好请示的重要性就不言而喻了。

二、请示的特点

请示具有针对性强、需要有回复或批示、言简意赅的特点。

（一）针对性强

请示一般是针对本部门无权决定的事请示上级领导或上级单位，所以一定是针对上级有权解决的事，如果直属上级无权解决，也要按规矩逐级向上请示。

（二）需要有回复或批示

请示的最后，往往都是建议，建议采纳与否，需要上级领导或单位给出明确的答复。

（三）言简意赅

请示一定要写得精简，比如魏徵流芳千古的《谏太宗十思疏》，这可是写给国家领导人的重要请示，全文只有553个字。鲁迅先生说过，文章写完至少看两遍，竭力将可有可无的字、句、段删去，毫不可惜。现在，不少地方和部门按照中央改进文风会风的要求，提出以"能少则少、能短则短、能精则精、能简则简"为原则，尽可能开短会、讲短话、发短文。

三、请示的写法

请示由标题、主送机关、正文、结语和落款构成，必要的时候可以附上附件。

（一）标题

请示的标题，一般为《关于某某事情的请示》，比如《关于调整某项目资金划拨方案的请示》《关于向××市捐赠医疗物资的请示》。写标题的时候，有的朋友搞不清楚请示和报告的区别，经常把标题结尾写成请示报告，觉得请示和报告是一样的。请示是要求有回复或批复的，而报告仅仅具有告知性。

（二）主送机关

请示的主送机关与通知等公文不同，请示不允许多头报送，只能有一个主送机关，请示的主送机关既可以是人，也可以是单位。主送给领导时，一般写他的姓氏加职务，比如张局长、王部长、李市长等；主送给上级单位时，可以写单位的全称或标准简称。这里要注意一下，有的朋友在给领导写请示时，还特意在主送位置领导名字前面加上"尊敬的"这种字眼，这种定语写信的时候可以有，但切记，请示是正式公文，不要出现这种描述。

（三）正文

请示的正文一般包括三方面内容，一是请示的原因，二是具体情况，三是工作建议。用通俗的话讲就是："咋啦，啥情况，希望咋办。"

第一，请示的原因。不能啰里啰唆介绍个没完，不用分门别类，逐条列举，要善于抓住要害，"抖最巧包袱，摆最优的干货"，让人觉得这确实是个重要的事，很有必要优先解决。

第二，事情的具体情况。由于请示涉及的内容五花八门，没有一个固定的套路，因此这部分是最考验写作者水平的。建议在准备提笔之前，首先要把事情的来龙去脉了解清楚，如果对事情一知半解，是不可能把请示写好的。在了解清楚所有的情况之后，静下心来，好好把事情梳理一下，找出逻辑脉络，研判未来走势，分析利弊影响，然后再定夺请示正文部分的写作逻辑，即哪些应该先说、哪些应该后说、哪些应该重点说、哪些应该省略说。我自己在写请示的时候，经常会换位思考，把自己置身于读者的角度，一切都以读者为中心，怎么样能让读者在最短时间内把情况了解清楚，就怎么下笔写。在提出工作建议时，一定要考虑周全，提出具体可行的建议，不要模棱两可，提出"请研究解决"这种踢皮球的建议。

三人行必有我师，如果写作经验不多，可以向比较有经验的同事要一些之前发过的请示，参考一下行文风格，每个单位、每个领导都有自己的行文风格，也就是写作文化。

我之前一个部门的领导，写文章特别讲究标题，每一段的标题一定要考究，而对文章的内容则不太在意。后来换了一个部门，领导特别喜欢用金句，文章的结构、逻辑这些无所谓，一定要写上几句金句，显得高大上。

这些都是单位的写作文化，快速融入一个单位写作文化的能力，也是体制内工作的一项必备技能，这样大家很快就觉得你是圈内人，不然的话，自己写的公文被领导七改八改的，工作怎么会顺心呢？

第三，正文下面是请示的结语和落款。结语一般用"特此请示""妥否，请示"。落款倒是没有什么特别要注意的。如果请示需要一些依据性材料，可以放在附件里。

四、请示的写作技巧

（一）化繁为简

写请示要化繁为简，简明扼要，让对方在最短的时间内了解情况。《之江新语》中关于文风有这么一段表述：

现在存在一种很不好的文风，喜欢写长文章，讲长话，但是思想内涵却匮乏得很，就像毛主席所批评的那样，像"懒婆娘的裹脚"。要把那些又长又臭的懒婆娘的裹脚，扔到垃圾桶里去，其实诀窍很简单，可用郑板桥的对联概括为"删繁就简三秋树，领异标新二月花"。就是要开门见山，直截了当，讲完即止，用尽可能少的篇幅，把问题说清、说深、说透，表达出丰富而深刻的思想内容。最要反对的是空话连篇、言之无物的八股文，那种"穿靴戴帽"、空泛议论、堆砌材料、空话连篇、套话成串、"大而全"、"小而全"等弊病，都要防止和克服。

（二）一事一议

请示要坚持一事一议，切不可一文请示多事，一定要一次请示一件事或一类事。

有一次，我们为了图省事，把申报某专项工程和另一项工程验收两件事合并在一篇请示中递交给上级主管单位，直接被主管单位给退回了，因为我们交上去一篇请示，对方还是要写两份批文，由于批文是要一事一批的，所以一般请示也得一事一议。

（三）客观可行

请示的理由要客观充分，事项要明确清楚，建议要中肯可行。

有一次，我们一家下级单位要新设立一个企业，把投资方案写成请示报给我们，可是投资方案根本不够成熟，很多细节无法敲定，请示的建议也是模棱两可。这种请示就没有可行性，很难去操作。

请示前，一定要把一切情况了解清楚，提出明确的方案，这样上级才好批准。

（四）态度谦恭

请示是上行文，是请人办事，态度要诚恳，语气要得体，千万不能使用要挟性语言，如"请从速拨款，否则后果不堪设想""即请从速批复"等。

一家市属国有企业，打算建设一个大型化工厂，在建设过程中由于有了新的技术和设备，需要向当地发改委申请变更当初批复的建设方案，在走正式流程前，这家企业找市委书记汇报了情况，市委书记点头同意，认为新技术、新设备有利于提高化工厂经济效益、降低污染物排放量。然后，这家企业就写了一份关于变更化工厂建设方案的请示递交给发改委，不过文末，他们写了一句"该事情已向×书记汇报并征得同意，请速办理"。发改委一看就不满意了，这明显是行文不当，于是要求他们改正，延后办理。

请示范文

某公司关于申请 2020 年度表彰大会拨款的请示

集团公司：

　　我公司即将举行2020年度总结表彰大会。为了方便来宾，激励员工和迎接新年，提高来宾和员工的家庭感，拟申请本次活动经费20万元（具体经费明细见附件）。

　　妥否，请示。

　　附件：1.某公司关于召开2020年度总结表彰大会的通知
　　　　　2.某公司2020年度总结表彰大会费用预算明细

×有限公司

2021年1月15日

第五节 批 复

一、批复是什么

批复是上级机关根据有关政策法规，在自身职权范围内，针对下级机关的请示作出书面形式的答复，是上级单位行使权力的时候采用的，属于下行文。通俗来讲就是，"你的建议我同意，就这么办吧"。

批复一般分为审批事项批复、审批法规批复和阐述政策的批复三种。

二、批复的特点

批复具有被动性、政策性、针对性、简要性的特点。

（一）被动性

批复属于被动行文，即只针对请示单位、请示事项行文，不涉及其他事项，根据问题答复。所谓"问"，实际上就是下级机关的请示事项，包括下级机关工作中涉及的方针、政策方面的重大问题，下级机关遇到无法解决的具体困难，请求上级机关给予指导和帮助等。下级机关"问什么"，上级机关就应"答什么"。

（二）政策性

批复提出的处理意见和办法，在一定程度上代表了上级机关对问题的处理意见，对下级机关具有行政约束力，特别是对一些重大事项的批复，具有较强的权威性。因此，批复必须有理有据，严格依据法律、法规、上级文件，结合本地实际情况，经过一定范围的研究，才能作出。

（三）针对性

批复与请示遥相呼应，针对的是请示的内容，内容聚焦，针对性强，不会展开太多阐述。

（四）简要性

批复要写得简明扼要，我见过最短的批复，短到只有两句话，只需要说明自己的态度即可，可以省很多事。

三、批复的写法

一篇批复的框架结构一般可以分为标题、主送机关、正文、发文机关、落款日期等。

（一）标题

标题的写法为"发文机关+事由+文种"，比如《国家发改委关于同意设立某某双创示范基地的批复》。

（二）主送机关

批复是和请示一一对应的，那批复的主送单位便是请示的落款单位。如果这有必要让其他单位知道，可以通过抄送的形式给其他相关联的单位。

（三）正文

批复的正文一般较为简短，只需要针对请示的内容回答问题即可，一般由引语、答复意见、结尾三部分组成。

引语，就是引述请示的名称和主要内容，比如，"你单位的《×的请示》已收悉，经研究答复如下"。

答复意见，就是明确态度。如果能做，需要说明这件事怎么做；如果不能做，需要简单解释为什么不能做。

结尾，通常用"特此批复""此批""批复"等。

四、批复的写作注意事项

（一）充分了解情况

"没有调查，没有发言权"，批复起草前一定要充分进行调查研究。首先，要搞清楚请示来文的背景，审核它的真实性、准确性和必要性。其次，要查阅有关规定和政策，因为批复要依法合规。然后，如果已经处理过相关的事项，要提前查阅资料，确保问题的回复具有连续性。

（二）意见要明确

批复的意见应该明确、具体、可行。要有充分的依据，观点明确，所提的意见和方案符合实际，文字表述要准确、简要，语气肯定，不要用模棱两可、含糊不清的词语，如"请进一步研究""请酌情办理"等。这种模糊的批复发下去后，下属单位根本无法执行。

（三）内容要聚焦

批复好像是一盏聚光灯，把光线聚合在一个点。批复的中心内容必须围绕请示的事项，给出针对性答复，不要分散主题，脱离请示的事项发散性地发表意见。

（四）勿与复函混用

批复与复函都是回复来文的公文，实际工作中经常会被混用。它们的主要区别在于：从行文关系看，批复是上级机关向下级机关答复用文，属于下行文；复函一般是向不相隶属的机关答复用文，属于平行文。从行文内容看，批复多属于对重大原则和政策性问题作出定论，复函多用于一般性事项的回复。

批复范文

国务院关于同意在××省开展跨境电子商务零售进口药品试点的批复

××省人民政府，市场监管总局、国家药监局：

你们关于在××省开展跨境电子商务零售进口药品试点的请示收悉。现批复如下：

一、同意在××省开展跨境电子商务零售进口药品试点，试点期为自批复之日起3年，请认真组织实施。

二、试点工作要以习近平新时代中国特色社会主义思想为指导，深入贯彻落实党的十九大和十九届二中、三中、四中、五中全会精神，认真贯彻落实"四个最严"要求，按照《中华人民共和国药品管理法》相关规定，在现有法律框架内开展。试点品种为已取得我国境内上市许可的13个非处方药，试点目录由财政部、商务部、海关总署、税务总局、市场监管总局、国家药监局等部门联合印发，试点期内原则上不再扩大试点目录。

三、对纳入试点目录的药品，按照《关于跨境电子商务零售进出口商品有关监管事宜的公告》（海关总署公告2018年第194号）规定的通关管理要求开展进口业务，在通关环节不验核进口药品通关单，参照执行跨境电商零售进口相关税收政策，相关交易纳入个人年度交易总额管理，适用跨境电商零售进口商品单次、年度交易限值相关规定，在交易限值内，关税税率暂设为0%，进口环节增值税、消费税暂按法定应纳税额的70%征收。

四、××省人民政府要加强对试点工作的组织领导，认真落实属地监管责任，会同国务院有关部门研究细化试点方案和有关监管措施，加强进口药品质量监管，保障人民群众用药安全和合法权益。

五、国务院有关部门要按照职责分工，积极支持××省开展试点，加强信息和数据共享，确保通关、质量监管等工作可操作、可落地。试点中的重大问题，××省人民政府和市场监管总局、国家药监局要及时向国务院请示报告。

国务院

2021年5月8日

第六节　函

一、函是什么

函是不相隶属的机关之间商洽工作，询问和答复问题，或者向有关主管部门请求批准事项时所使用的公文。形象点表述就是："你看这事这么办行吗？"

在行文的方向上，函属于平行文。函的主要用途主要有以下几个方面：它可以用于单位之间商议工作、咨询问题、答复问题，可以用于向有关主管部门请求批准事项，可以用于给予下级单位相应的答复，也可以用于催办一些工作。此外，函有时还可用于对以前发过的文件作小的补充或更正，不过这种情况并不多见。

二、函的特点

函具有沟通性、灵活性和单一性的特点。

（一）沟通性

函对于不相隶属的机关之间相互商洽工作、询问和答复问题，起着沟通作用，充分显示了平行文的功能，这是其他公文所不具备的特点。

（二）灵活性

一方面，函的行文关系灵活。函是平行公文，但是它除了平行行文，还可以向上行文或向下行文，没有其他文种那样严格的特殊行文关系的限制。

另一方面，函的格式灵活。除了国家高级机关的主要函必须按照公文的格式、行文要求行文外，其他一般函的格式及行文比较灵活自便，可以有文头版，也可以没有文头版，不编发文字号，甚至可以不拟标题。

（三）单一性

函的主体内容应该具备单一性的特点，一份函只宜写一件事项，不能多点开花。

三、函的分类

按照性质、发文目的、发文内容，函可以分为很多种。

（一）按性质分

按性质分，函可以分为公函和便函两种。公函用于单位之间正式的公务活动往来；便函用于日常事务性工作的沟通。便函不属于正式公文，没有公文格式要求，甚至可以不要成句子的标题，不用发文字号，只需要在结尾署上单位名称、成文时间并加盖公章就行了。中央三令五申要求杜绝形式主义和官僚主义，杜绝文山会海，甚至在某一段时期对发文数量提出了定量指标，要求不能同比增加。由于便函没有文号，不算正式公文，所以，大家本来要正式发函的事，都以便函的形式发。

（二）按发文目的分

按发文目的分，函可以分为发函和复函两种。发函是主动出击，提出工作事项所发出的函。复函则是被动应答，主要是回复对方发来的函。比如我们希望某个平级的单位协助开展一项工作，就可以给他们发个函。

（三）按发文内容分

从内容和用途上分，函还可以分为沟通函、通知函、催办函、邀请函、请示函、转办函等。基本上，函就是一种万能文种，什么内容都可以装载。

四、函的写法

函由标题、主送机关、正文、落款组成。

（一）标题

函的标题通常有三种写法：

一是完整式标题，由发函机关、事由和文种组成，如《国家能源局关于征求光伏发电建设实施方案意见的函》。

二是由发函机关、事由、受理机关和文种组成，如《国务院办公厅关于悬挂国旗等问题给湖北省人民政府办公厅的复函》。

三是由事由和文种组成，如《关于对物业服务开展满意度调查的函》。

（二）主送机关

主送机关就是收函对象单位名称，一般要求写全称或标准简称。

（三）正文

函的正文结构一般由开头、主体、结尾、结语几个部分组成。

第一，函的开头要说明发函的缘由。开头一般是交代发函的目的、原因等内容，然后用"现将有关问题说明如下"或"现将有关事项函复如下"等作为过渡句。复函的缘由部分，一般首先引用来函的标题，然后再交代根据，说明发文的缘由。

第二，函的主体是函的核心内容，主要是说明致函事项。这部分行文要直陈其事，无论是商洽工作，询问或答复问题，还是向有关部门请求批准事项等，尽可能用简洁得体的语言把需要告诉对方的问题、意见写清楚。

第三，函的结尾是提出希望或请求，一般用礼貌性语言向对方提出希望。有的是请对方协助解决某个问题，有的是请对方及时复函，有的是请对方提出意见，也有的是请主管部门批准。

第四，函的结语通常是根据函的内容，因地制宜地选择运用不同的结束语。如"特此函询""请即复函""特此函告""特此函复"等。

有的函也可以不用结束语，如便函，可以像普通信件一样，使用"此致""敬礼"。

第五，函的落款跟所有公文一样，包括单位名称和成文时间两项内容。

五、函的写作技巧

（一）突出针对性

函要紧紧围绕主要目的来写，函中所提出的事项应该是对象单位有可能解决的，除特殊情况外，一般要一函一事。

（二）把握分寸感

函的用语，力求平和礼貌，特别忌讳命令语气，不要用强制性或威胁性的语言。

（三）直奔主题

函要开门见山说事情，不能婉转曲折。无论是来函还是复函，在写作中都应该尽快进入主题，不要空话套话连篇，故意绕弯子，忌讳那些不需要的客套话。

（四）要有时效性

函要注意时效性，函一般都是针对特定时期的事情而写，特别是复函更应该迅速、及时。有的单位在工作中爱踢皮球，本该复函的事一拖再拖，等到黄花菜都凉了才给答复，这就有点过于官僚主义了。

函范文一

交通部××救捞局催办函

××造船厂：

贵厂2016年为我局建造的2640马力拖轮"××"轮，出厂至此刻已经三年了，可是当时欠装的拖缆机至今尚未安装。为此我局曾多次去函催贵厂尽快给予解决问题，但贵厂一直未明确答复。该轮由于缺少拖缆机，长期无法正常执行生产任务，已造成了很大的经济上损失。为此特再次函请贵厂尽快为我局"××"轮安装拖缆机，以免再延误该轮的正常生产。

特此函告。

交通部××局

2019年10月16日

函范文二

关于货运保险事宜的复函

某公司：

贵方有关货运保险事宜的6月25日来函知悉，特复函如下：

一、综合险。在没有得到顾客的明确指示的情景下，我们一般为其投保水渍险和战争险。如贵方愿投保综合险，我方能够用稍高的保费代保此险。

二、破碎险。破碎险是一种异常保险，需要收取额外保费。该险现行保险费率为2%，损失只赔超过5%的部分。

三、保险金额。我方注意到贵方欲为装运给贵方的货物按发票金额另加10%投保，我方当照此办理。

我方期望上述答复将满足贵方的要求，并等候贵方的答复。

特此复函。

某公司

2021年7月24日

函范文三

国务院办公厅关于征求
《国家行政机关公文处理办法（草案）》意见的函

各省、市、区人民政府，国务院各部门办公厅（室）：

现将我们草拟的《国家行政机关公文处理办法（草案）》送给你们，请组织有关同志讨论修改，并将修改意见于十一月底前告诉我们。

附件：国家行政机关公文处理办法（草案）

国务院办公厅
1999年10月12日

第七节 决 定

一、决定是什么

决定是对重要事项或重要行政公务作出部署的一种指挥性公文，属于下行文。它适用于对重要事项作出决策和部署、奖惩有关单位和人员、变更或者撤销下级机关不适当的决定事项。

决定具有权威性、指导性、广泛性的特点。

二、决定的分类

按照具体用途和内容的不同，决定可以分为法规性决定、指挥性决定、奖惩性决定和变更性决定四类。

（一）法规性决定

法规性决定用于发布权力机关制定、修订或试行的法律文件以及由政府部门制定的行政法规，如《国务院关于修改〈中华人民共和国发票管理办法〉的决定》。

（二）指挥性决定

指挥性决定用于解决具体问题、安排具体事项、部署具体措施，如《中共中央 国务院关于加快水利改革发展的决定》。

（三）奖惩性决定

奖惩性决定用于表彰或处分有关的单位或个人，如《关于表彰2021年度先进集体和先进个人的决定》。

（四）变更性决定

用于变更机构人事安排或撤销下级机关不适当的决定事项，如《关于

×同志职务任免的决定》。

三、决定的写法

（一）标题

决定的标题由发文机关或会议名称、事由、文种三部分组成。如果是会议通过的决定，还应在标题的下方居中以括号注明批准、通过该决定的会议名称和通过的日期。

（二）主送机关

决定的主送机关为应该知照的单位或群体，普发性的决定没有主送机关。

（三）正文

决定的正文一般包括决定依据、决定事项和执行要求。

依据要写明发布决定的背景、根据、目的或意义。行文要简短明确，如"某省第一届人民代表大会第一次会议根据《中华人民共和国地方各级人民代表大会和地方各级人民政府组织法》规定，决定……"。

事项的写法，因决定种类的不同而有所不同。用于指挥工作的决定，这部分要写明工作任务、措施、方案、要求等，内容复杂时要用小标题或条款显示出层次来。用于批准事项的决定，这部分要写出批准意见，如有必要，还可以对批准此事项的根据和意义予以阐述。用于表彰或惩戒的决定，这部分要写明表彰的决定和项目，或处分的决定和处罚方法。

四、决定的写作技巧

（一）避免混淆文种

决定和决议、命令常常被混淆概念，在选用文种时要十分注意。

1. 决定和决议的区别

（1）流程不同。决议须经某一级机关或组织机构的法定会议对某一议题进行集体讨论，由法定多数表决通过，然后形成正式文件，并以会议的名义公布。而决定却不一定需要经过法定会议讨论通过的程序。它既可以是某种会议讨论研究的成果，形成正式文件予以公布，也可以由各级领导机关直接制作并予以公布。凡未经有关法定会议讨论通过这一程序，而是以领导机关的名义发布的议决性文件，就只能使用决定。

（2）作用不同。决议一律要求下级机关执行。而决定中只有部署性决定才要求下级机关执行，宣告性决定只起知照性作用，一般不要求下级机关执行。

（3）内容有差异。在会议讨论通过的前提下，凡作出了具体的规定和要求，履行法定的权力，强制有关部门贯彻执行的，用决定。若只是简要地表示肯定或否定的意见，履行法律程序，指导有关部门遵照办理的，用决议。由会议或领导机关直接制定发布行政法规，用决定。由会议审议批准某项议案、重要报告、法规，用决议，所审议批准的条文作为决议的附件。授予荣誉称号或给予处分，用决定。审议机构成立或撤销，用决议。

（4）写法不同。公布性决议、批准性决议一般写得比较简要、笼统。阐述性决议除了指出指令性意见，还要对决议事项本身的有关问题作若干必要的论述或说明，即做一些理论上的阐述。决定的写法与决议大不相同，它不多说理论上的道理，而往往着重提出开展某项工作的步骤、措施、要求等。决定要求写得明确、具体一些，措施也更详细，行政约束力强，可以直接成为下级机关行动的准则。而决议往往写得比较概括，原则性条文多，下级机关在贯彻执行时，多数还要根据决议制定相应的具体办法或实施措施。

2. 决定和命令的区别

（1）印发范围不同。命令的制发单位有明显要求，范围小。只有国家领导机关和领导人、国务院各部门、乡镇以上各级人民政府在他们的本身权限内可以制发命令，其他任何单位和个人不能发布命令。决定的范围广，上至国家最高行政机关，下至地方基层部门都可以使用决定。

（2）重要程度不同。命令内容很重要，不是重大的政策法规、重大的问题与决策、重大的任务与嘉奖一般不用命令。决定内容一般都是较重要的事项或有重大行动与活动要安排部署。

（3）执行力度不同。命令一经发布，有关下级机关和人员必须无条件地服从与贯彻执行，决不允许延误、怠慢甚至违抗。决定的事项，有关组织、单位和人员要认真贯彻、落实、执行，即使上级作出了很不正确的决定，在上级机关和制发单位未修改之前，有关方面可以提出意见但不能公开对抗，拒绝执行。

（二）行文要简明扼要

决定的行文要简明扼要。决定是制约性非常强的公文，要求下级机关无条件执行。因此，行文时，对于作出决定的原因应写得简短明确，不可长篇大论，以示决定的强制性。

决定范文

国务院关于第一批取消 62 项中央指定地方实施行政审批事项的决定

各省、自治区、直辖市人民政府，国务院各部委、各直属机构：

经研究论证，国务院决定第一批取消62项中央指定地方实施的行政审批事项。

各地区、各部门要抓紧做好取消事项的落实工作，并切实加强事中事后监管。要严格落实行政许可法关于设定行政许可的有关规定，对以部门规章、规范性文件等形式设定的具有行政许可性质的审批事项进行清理，原则上2015年底前全部取消。要继续大力推进行政审批制度改革，深入推进简政放权、放管结合、优化服务，加快政府职能转变，不断提高政府管理科学化、规范化、法治化水平。

附件：国务院决定第一批取消中央指定地方实施的行政审批事项目录（共计62项）

国务院
2015年10月11日

第八节 公　告

一、公告是什么

公告用于向社会各界宣布重要事项或者法定事项。公告要么是宣布重要事项，公布依据政策、法令采取的重大行动等；要么是宣布法定事项，公布依据法律规定告知国内外的有关重要规定和重大行动等。

二、公告的特点

公告具有公开性、广泛性、庄重性的特点。

（一）公开性

公告面向社会发布，告知对象包括国内外，影响极其广泛深远。公告一般在报纸上公布，也可通过电台、电视广播的形式发布。

（二）广泛性

公告的发布范围最为广泛，阅读者的范围是公众，较之其他文体而言，受众面很广。

（三）庄重性

公告事关全局或国内外有较大影响的事件，它的告知对象又是面向国内外的，极为庄重严肃。一般的基层机关，地方各级行政主管部门和企事业单位不得使用公告来发布事项。

三、公告的种类

公告可以分为重要事项公告、法定事项公告和专业性公告三类。

（一）重要事项公告

凡是用来宣布有关国家政治、经济、军事、科技、教育、人事、外交等方面且需要告知全民的重要事项的，都属此类公告。常见的有国家重要领导岗位的变动，领导人的出访或其他重大活动，重要科技成果的公布，重要军事行动，等等。如全国人民代表大会常务委员会关于确认全国人大代表资格的公告，新华社受权宣布中国将进行向太平洋发射运载火箭试验的公告，都属这一类公告。

（二）法定事项公告

依照有关法律和法规的规定，一些重要事情和主要环节必须以公告的方式向全民公布。

（三）专业性公告

有一类公告是属于专业性的或向特定对象发布的，如招标公告；按专利法规定公布申请专利的公告；也有按国家民事诉讼法规定，法院递交诉讼文书无法送达本人或代收人时，可以通过公告间接送达，它是向特定对象发布的，这些都不属于行政机关公文。

四、公告的写法

（一）标题

公告的标题主要有以下几种形式：一是"发文机关+文种"的形式，这是最常用的标题形式；二是"事由+文种"的形式；三是只写公文文种。公告的日期可以写在标题下居中的位置，用括号括上，也可以写在落款处。重要的公告还要写上发布地点，以示慎重。

（二）正文

公告的正文要写清公告的原因和依据、公告的事项、公告的结语。公告的原因和依据要简明扼要地说明背景和相关情况，并阐明意义；公告的事项要交代清楚事情的发生经过，如果事项较复杂时，应分条例逐一介绍；公告的结语应另起一行，用"现予公告"或"特此公告"作为结束语。根据内容的需要，可以省略缘由或结语，甚至只有公告事项，缘由和结语都不写。

五、公告的写作技巧

（一）行文要准确

公告的发布机关级别高，一般只有党和国家的高级机关才使用。

（二）事项要准确

公告的内容是告知公众做什么和怎么样做的，事项部分必须准确、明白无误，务求具体。

（三）语气要庄重

公告的内容多涉及国家的政治、经济、军事、文化领域等诸多事项，许多是世界范围所关注的，同时公告又是由国家领导机关或政府职能部门向外界宣布的，因此，行文必须严谨慎重，语气必须庄重。

（四）文字要简洁

公告告知的公众范围极其广泛，因此文字必须平实、简洁、准确无误，篇幅力求简明、扼要。

公告范文

科技日报社公开招聘公告

为进一步充实科技日报社的干部队伍，根据报社工作需要和岗位空缺情况，现面向社会公开招聘，具体如下：

一、公开招聘岗位

科技日报社财务中心主任1名。

二、部门职责介绍

全面负责科技日报社及所属子报、企业单位的日常财务管理工作，统筹安排、负责所有单位的日常运营、资金及资产的管理；负责编制报社年度预决算、财务报表工作；负责银行账户监督管理等工作；完成报社编委会及分管社领导交办的工作任务。

三、报名条件

考虑到招聘岗位的专业性和针对性，此次面向社会公开招聘工作人员须符合以下条件：

1. 拥护党的路线、方针、政策，遵守国家法律、法规。

2. 熟悉企业、事业单位财务相关管理制度。

3. 身体健康，具备履行岗位职责的身体和心理素质，良好的组织、协调能力，良好的文字表达能力和团队合作精神。

4. 具有国民教育全日制硕士研究生或以上学历。

5. 具有高级会计师以上专业技术职称，或8年以上企业、事业单位财务管理工作经历。具有企、事业复合单位财务管理工作经历者、具有注册会计师资格者优先。

6. 年龄在50周岁以下（1967年10月以后出生），特别优秀者，年龄可适当放宽。

四、公开招聘程序

1. 应聘者自愿报名。

2. 资格审查。依据招聘岗位的资格条件，对应聘人员条件进行资格审查，确定参加考试人选名单和考试时间、地点。

3. 考试。考试采取个人陈述和专业答辩方式，个人陈述内容包括个人学习工作经历、主要工作成就、履职设想。主要测试应聘人员的基本素质和能力。

4. 考核。通过考试的应聘人员，组织对其思想政治表现、道德品质、业务能力、工作实绩等情况进行考核，对资格条件进行复查。

5. 确定人选。报社编委会确定拟聘人选。

6. 体检、公示。对拟聘人选进行公示。公示后，按程序办理聘用手续。

五、报名时间及方式

1. 报名截止时间：2017年9月30日。

2. 报名方式：报名人员填写《科技日报社公开招聘报名表》（见附件），附相关材料（包括简历、2寸免冠照片、毕业证书、学位证书、职称证书等电子版），于报名截止日期前发送至科技日报社人事部信箱。

3. 考试安排另行通知。

科技日报社人事部
2017年9月13日

第九节　纪　要

一、纪要是什么

纪要是记载、传达会议情况和议定事项时使用的一种行政公文，是在会议记录的基础上，加工、整理出来的一种记叙性和介绍性的文件。它的内容主要包括会议的基本情况、主要精神及中心内容。一般来说，会议纪要要求内容概括准确，中心突出，层次分明，并且语言简练。

无论是党政机关、企事业单位或是社会团体，只要是人数达到一定规模的单位，一般都得开会。正式的会议就得有纪要。

刚工作的时候，我一直搞不清楚会议纪要和记录的区别。会议纪要是一种法定的公务文书，必须遵循公文写作的要求。很多时候，纪要会对会议内容进行总结概括，对会议要求进行加工描述。而会议记录则只是把会议的内容以流水账的形式记录下来，只需要保持会议内容的原始性、完整性和准确性。会议记录就好比是一场体育比赛的全程回放，而会议纪要则相当于这场比赛的精彩进球场景集锦。

二、纪要的特点

（一）求真务实

会议纪要应该如实地反映会议内容，虽然说有的时候需要在文字表述上进行加工，但绝不可脱离会议内容与精神去胡编乱造，否则，就会失去其内容的客观真实性。会议纪要只可以加工，不允许自由发挥胡乱创作。如果是故意在纪要上造假，那性质就恶劣了。各地巡视和督查时，发现过不少会议纪要造假的现象。

比如2018年底，中央第五生态环境保护督察组对贵州省第一轮中央环境保护督察整改情况开展"回头看"，查出来某个区委、区政府既不按要求研究部署环境保护工作，也不落实具体整改措施，说一套、做一套，并且为掩盖问题、应对督察，临时编造10份区委常委会会议纪要，声称每月都开展生态环境保护方面的研究学习和工作部署。这种行为严重违反了政治纪律，性质恶劣。事后，相关人员受到了相应的处分。

（二）高度提炼

会议纪要是根据会议情况，围绕会议主旨来整理和提炼的，重点不是叙述会议的过程，而是介绍会议结果与要求。会议纪要是对会议的核心内容和结论做记录，要高度凝练，不能冗长拖沓，过度描述细节。

有一次某单位开干部人事调整的党组会，会上提名了五位拟提拔的干部，在讨论的过程中对有一位同志的提拔没有达成一致意见，没通过。写纪要的同事是个新人，在写会议纪要时把过程也给记录下来了，包括提名五名干部的表决情况，其中四人全票通过，有一位因为群众口碑不佳，张某等三位党组成员提出了反对意见。他写完这个纪要，领导一看，这明显属于过度"记录了"。

（三）采用第三人称表述

因为会议纪要反映的是与会人员的集体意志和意向，所以用"会议"作为表述主体，一般会用"会议认为""会议指出""会议决定""会议要求""会议号召"等惯用语。很多朋友会把会议纪要写成新闻信息稿的文风。比如某机关召开工作讨论会，会上某局长提出三点工作要求，然后就逐条列举。会议纪要通篇都是以"一把手"的讲话要求作为描述的视角，这可是犯了严重的原则性错误。不妨想一想，我们为什么要开会？不就是为了集体决策嘛，会议纪要就是集体决策结果的记录。如果体现不出集体决策的要求，很有可能会在各种监督检查中被扣上"一言堂"的帽子，那可就要出大事了。

三、纪要的写法

（一）标题

会议纪要的标题有两种格式。

第一种是会议名称加纪要，比如《中国科协关于促进先进制造业科技创新工作会议纪要》《北京市关于推动污染物防治攻坚战工作会议纪要》。

第二种是把会议的主要内容在标题里揭示出来，类似文件标题式的，如《关于加强纪检工作座谈会纪要》《关于落实"不忘初心、牢记使命"主题教育活动的会议纪要》。

（二）发文字号格式

会议纪要的发文字号写在标题的正下方，由年份、序号组成，用阿拉伯数字全称标出，并用六角括号括入，如：〔2004〕67号。办公会议纪要对发文字号一般不做必须的要求，但是在办公例会中一般要有编号，如"第×期""第×次"要写在标题的正下方。

（三）正文

1. 开头

纪要的开头主要是概述会议基本情况。办公会议属于例会，开头可以写得比较简单，其他会议则要介绍召开会议的根据或者目的、时间、地点、人员、主要活动和收获。其内容一般包括会议名称、会议地址、参加人员、会议议程。

2. 主体

纪要的主体部分集中写出会议主要情况和议定事项，这是会议纪要的核心部分，常见的写法有逐点分述法和综合归纳法两种。

（1）逐点分述法。按议定事项写，就是把会议议定的事项分点写出来，每个事项一小段，每一段写研究讨论了什么事，会议达成了什么意见，提出了什么要求。办公会议纪要、工作会议纪要多用这种写法。

（2）综合归纳法。按问题写，就是将会议所讨论、研究的问题综合成若干部分，并不一定完全按照会议的议程逐项记录，而是每个部分谈一个方面的内容。较复杂的工作会议或经验交流会议纪要多用这种写法。

3. 结尾

纪要结尾处一般写法是提出号召和希望，但要根据会议的内容和纪要的要求，有的是以会议名义向本地区或本系统发出号召，要求广大干部认真贯彻执行会议精神；有的是突出强调贯彻落实会议精神的关键问题，指出核心问题；有的是对会议作出简要评价，结合具体情况提出希望要求。

四、纪要的写作技巧

（一）做好会议记录

会议纪要来自会议记录，又高于会议记录。没有会议记录，就没有会议纪要。所以，写好会议纪要，首先要做好会议记录。

有人说，如果会议开半小时，我还能一句不落地记录，如果开一两个小时，手还不得废了。所以开重要会议时，我们能录音的就录音，好记性不如烂笔头，烂笔头不如录音机，现在手机都有录音功能。如果你被领导分配了写会议纪要的任务，除了内容涉密的会议外，一定记得开会时要录音。可能有些人用笔或电脑做会议记录的能力很强，但事后如果发现哪个细节没记清楚，回听录音绝对是一个万无一失的选择。

不过，如果经验丰富，录音只是有备无患，用笔记录重点内容还是最高效的方式。

刚开始做记录，我们肯定比较吃力，除了想要一字不漏，甚至恨不得连会议参与者的精神状态和表情都给记录下来。等会议结束后，我们就得在一页页的文字里翻来覆去寻找有用的信息，但大多数情况是，我们记录了五六页或者十页左右，到最后能用得上的只有几段话。

作为会议记录者，我们要用心聆听，用心记录，紧绷一根弦，别遗漏重要信息，别误读重要信息，别把会议的精神理解歪了。更重要的是，培养自己记录的感觉，参加会议的次数多了，时间久了，脑子在聆听的过程中就能够有意识地分辨出有用或无用的信息，在长久的锻炼中，也就掌握了自己的一套快速记录的方法。这个我们没有固定模式，因人而异，有的人喜欢简写，有的人喜欢用符号，总而言之，只要自己能跟得上会议节奏，自己能看懂，都是行之有效的方法。

如果是要拿到台面上，就需要加工一番。这类会议记录格式，简单来说，包括时间、地点、主持人、参会人员、会议主题、会议主要内容。会上发言信息，多以对话形式展现，我们要对此适当提炼，口水话该删就删，主要信息口语化表达到位就行了。

我见过一位能力特别强的秘书，开会时坐在会议室的一个角落，抱一个笔记本电脑，一边开会，一边记录，基本上会议开完，他会议纪要的初稿就出来了。

（二）把口头语凝练加工成为书面语

会议结束后，我们要做的第一项工作，就是把繁杂的会议记录进行分类梳理，把无关的内容删掉。

有的会议大家发言可能很随意，东拉西扯谈很多，新手在写这种会议纪要时容易抓耳挠腮。其实每个会议都有核心内容和主要枝干，要学会从会议的具体内容出发，抓中心，找重点，梳理会上形成共识的观点，一些个别的不同意见或话外之音，可以不必在纪要上体现。

俗话说："听话听声，锣鼓听音。"人们在谈话时，有两种表达类型，一种是有话直说，另一种是委婉表达。有的领导说话比较委婉，蕴含着弦外之音，作为纪要的撰写人员，要懂得去听这些弦外之音。

关于弦外之音，《三国演义》里有个代表性的段子：

曹操很喜欢老三曹植，因为曹植非常有才华，所以想废长立幼，废了长子曹丕，让曹植接班。曹操就这件事征求谋士贾诩的意见，贾诩一声不吭。

曹操问："你为什么不说话？"

贾诩说："我正在想一件事！"

曹操问："想的是何事？"

贾诩回答："正在想袁绍、刘表之事。"

曹操听了哈哈大笑，立刻明白了贾诩的言外之意，因为袁绍、刘表都是由于废长立幼招致灾祸，于是曹操不再提立幼之事。

贾诩就是用了这么一种弦外之音的方法，没有直接说出口，但却可以使曹操深知其意，可谓是高明之举。

写会议纪要的难点就在于提炼。会议的内容，是以个人的发言构成的，需要我们把这些零散的个人发言，凝练成公文语言，尤其要体现一定的层次性和逻辑性。

所以，提炼精髓，不仅要剪裁，还要加工，使得会议内容成为一个完整的工艺品。

比如，关于教育的工作，在会议上领导是这么讲的："现在我们有些干部搞授课，根本不考虑教育的对象能不能接受，内容晦涩难懂、课堂气氛很不好，大家都不愿意听，也记不住，这样的课堂教育又有什么意义呢？"下一步在这一方面要着重进行改善。

这段话在会议纪要里怎么体现呢？可以这样写：

在提高授课质量上，要进一步加强对象研究、突出教育重点、优化授课模式、渲染课堂气氛，灵活运用多媒体教育手段，增强授课的生动性、趣味性、启迪性和科学性，切实让课堂教育成为记得住的教育。

会上谈问题的部分，往往会比较零碎，需要采用合并同类项的方式，进行归纳总结。问题不要面面俱到，要着重挑选一些倾向性强的问题。

要注意的是，会议纪要一定是第三人称，因为会议是集体决策，不能描述过程，张三说了啥、李四说了啥，要用"会议认为""会议指出""会议强调""与会人员一致表示"等词语作为段落的开头语，也有用在段中的，起强调的作用。

会议纪要范文

市城市管理局党组会议纪要

2018年12月26日下午，局党组书记×同志在局一楼会议室主持召开党组第33次会议，研究2018年度局领导班子及县级领导干部、公务员考核等次，通报干部选拔"一报告两评议"工作，研究政府投资项目审计工作，通报2018年意识形态工作和安排部署2019年意识形态工作，研究干部法制考核工作，研究局绿化科借用人员事宜，宣布给予领导班子成员处分有关事宜，现纪要如下：

一、研究确定局领导班子及县级领导干部、公务员考核等次

会议议定：同意市城市管理局领导班子2018年度考核等次确定为"好"；县级领导干部优秀人员为×。公务员优秀人员为×。由劳动人事科按规定公示，将相关材料上报市委组织部、市人力资源和社会保障局。

二、研究政府投资建设项目审计工作

会议议定：同意局计划财务科提出的政府投资项目审计方案。由计划财务科牵头，政策法规科、相关业务科室配合，局纪委监督，采取比选方式确定3家具有资质的专业审计机构，承担对局系统政府投资建设项目进行审计的工作。

三、研究干部法制考核事宜

会议议定：按照市法制办要求，将干部法制考核纳入每年考核内容，由局法规科按规定办理。

四、研究局城市园林绿化管理科借用人员事宜

会议议定：同意从市园林绿化处借用×同志到局城市园林绿化管理科帮助工作。

五、通报局选人用人"一报告两评议"情况

2018年度局系统无新提拔任用的科级领导干部，只有局机关两名科级领导干部因在同一岗位任职时间较长进行了轮岗交流，且严格按照干部交流程序规范进行，无违反干部政策情况。

六、安排意识形态工作

会议通报了2018年度局系统意识形态工作情况，对2019年意识形态工作进行了安排部署。

会议要求，坚决落实党管意识形态工作原则，牢牢把握正确的政治方向，严守政治纪律和政治规矩，严守组织纪律和宣传纪律，坚决维护党中央权威，从思想上、政治上、行动上同党中央保持一致。

七、宣布对领导班子成员处分决定

会议宣布了市纪委对×同志党内警告处分的决定。要求班子成员引以为戒，开拓担当，把工作做深做细，做出成效。

出席：×、×、×

列席：×、×、×

第四章

常用事务性材料的写作技巧

在体制内工作，经常要写各种事务性材料，比如领导去某处调研，需要提供背景情况的材料；组织召开会议，需要事先准备讲话稿和主持词；年终时，要准备述职报告。本章主要选取几种常见的事务性材料，分析阐述它们的写作方法与技巧。

第一节　述职报告

一、述职报告是什么

述职报告是党政机关、企事业单位、社会团体的工作人员，向人事部门、主管领导及同事陈述自己任职期间履职情况的事务文书。

述职报告这个东西，大家都不陌生，每到年末，大家忙活了一年，基本上都要通过述职报告来向领导和周围的同事展现自己的功劳与业绩。

体制内，受聘或选举出的干部，要定期向组织部门报告自己在任期内的工作。可以说，写述职报告是每位体制内同志的必修课。述职报告主要包括三部分内容：一是履行岗位职责、完成工作任务的情况；二是工作中存在的问题；三是下一步工作的设想。如果是党员领导干部，可能还会包括贯彻党中央政策方针的情况以及廉洁从业的情况。

二、述职报告的重要性

我刚毕业时在一家央企的三级企业工作，在一线从事具体业务，这个单位很小，一共只有二十多个人。写述职报告基本就走个形式，领导根本就不看，因为单位人少，谁工作业绩怎么样，互相都一清二楚。后来，我调入到央企总部机关，仍旧保持以前的习惯，觉得写述职报告就是流于形式，开始对述职报告没有认真对待，基本上就是把工作以流水账的形式罗列了一下，没有进行归纳总结，没想到提交到领导那，竟然被打回来要求重写。这时候我才意识到，在机关工作，或是在一些大单位工作，年终的述职报告是十分重要的，因为机关大，部门人数多，处室分工明确，只有通过述职报告，别的处室和不同层级的领导才有机会全面、系统地了解每个人的工作。

有一些新入职的朋友可能抱有跟我当初相同的想法，觉得平时工作领导都看得见，写述职报告只是走形式，没有充分认识到它的重要性。每年年底，单位对个人开展考核评价，这也是决定年终奖系数和升职的关键时点，而述职报告对考核具有至关重要的作用。这些年，我见过各样的述职报告，有的让人眼前一亮，有的让人感觉平平，也有的让人味同嚼蜡。

我的一位同事，平时工作很认真，业绩也很出色，但就是不擅长写汇报与述职文件，每次总是抓不住重点。文章杂乱无章缺乏逻辑，能一分钟说完的事十分钟也讲不清楚，久而久之，在领导和同事心中也留下了不好的印象，为自身的职业发展造成了不少障碍。

三、述职报告和总结的区别

有很多人会把述职报告和工作总结搞混。它俩有什么区别呢？

举个例子。一位局长的述职报告，要讲的是"自己是怎么当局长的"，而不是"全局的工作是怎么干的"。如果把单位比作舞台，述职时要报告的，不是这出大戏怎么唱，而是具体的这个角色怎么演。所以，述职报告千万不能写成工作总结，而是要把单位的工作内容，转化成个人的履职情况。

具体来讲呢，述职报告与工作总结有三点主要的区别。

（一）切入角度不同

述职报告是以岗位职责为切入点，描述个人当年的工作，也就是在本职工作范围内一年以来的履职情况，更加突出的是个人履职情况。工作总结一般是以某项工作为切入点，比如本单位全年的基本建设情况、安全生产情况、销售情况等，全面总结这项工作的情况，是以单位的某项工作为切入点。还有一些是综合性的总结，比如政府工作报告、公司年度工作报告等，也是以单位为描述的主体，全面总结一年的工作。归根到底，述职报告和总结的根本区别，就是一个是个体，一个是整体。述职，就是讲你自己的事。

（二）逻辑结构不同

述职报告一般遵循业绩、问题、设想的三段论，而工作总结则相对复杂一些，会把某一项工作拆分成几部分进行描述，多采用总分总的架构。比如写某单位科技创新方面的总结报告，要先总述全年科技工作的整体情况，再分成科技制度建设、科研平台、科技项目、产学研合作、科技人才队伍建设等几个部分并列描述，最后再来一段概括总结。所以述职报告与总结报告在文章结构上存在不小的差别。

（三）表述方式不同

在表述上，总结报告必须使用公文既定的书面语，有点像八股文，而述职报告则更偏向口语，不少单位的述职报告是要当众演讲的，搞成八股文，听众会觉得太过生硬，不听得昏昏欲睡才怪呢。我们单位的中层干部每年都要在大会议厅当众进行述职发言，有的人写了一堆看起来很好的句子，可是用嘴说出来就不是那个味了。比如书面的公文可以出现一些很长的句子，甚至还带着不少专业名词，但是述职中长句子就像一条见首不见尾的巨龙，读起来别扭拗口，影响表达效果。

四、述职报告的常见误区

（一）过分自夸或自贬

真实是写述职报告的第一要求，弄虚作假是写述职报告的大忌，千万不要无中生有、编造数字、任意拔高。有的人在述职报告中喜欢夸大其实，干了五分吹成十分，夸夸其谈，甚至把自己只参与一小部分、以别人为主的工作也揽到自己头上。这种人可能一时间会获得领导的赏识，但要知道，路遥知马力，日久见人心，群众的眼睛是雪亮的，人品有缺陷的人，职业发展之路必然会艰难。

也有的人过度自贬，明明自己付出了很多，却故意低调说成是参与或是配合。功劳都是他人的，过错都是自己的。我们要知道述职报告必须讲成绩，不能将成绩藏着掖着，因为获得成绩毕竟是件光彩的事情，该说的时候还是应该说出来。现在都实行层级管理，上级领导部门对述职者不太了解，下属群众自然也不够清楚，因此，成绩一定要写在述职报告中。

过分自夸或自贬这两个极端都是不好的。不少单位的考核除了由领导打分，还要由本部门同事打分。过分自夸，容易引人反感；过分自贬，别人又怎么能知道你的成绩？因此，建议写述职报告要不卑不亢地来阐述一年的工作。

（二）机器人式记流水账

这种情况是最常见的，大部分人都是这么做的，在述职报告中像机器人一样把所有工作罗列出来。有人可能要问了，这有什么不妥吗？确实，罗列出来，从书面上看，比较清晰明了，但是如果用言语表达出来，就会显得冷冰冰的，缺乏灵气，让人听起来昏昏欲睡、摸不着头脑。而在实际工作中，大部分人都是这么写述职报告的。

另外，述职报告中切忌过度详细叙事。

有一位朋友在述职报告中描述他举办的一次评奖活动，本来可以用两三句话总结概况，而他却把评奖做了什么准备、发了哪些通知、什么单位参与、怎么申报项目、怎么评选项目、初选怎么样、复选怎么样、结果怎么样、领导怎么定夺、最终取得了什么效果等全部详细地写出来，这就过于啰唆了，没有必要。

述职报告不能像记叙文那样把所有的具体过程写下来，而是要总结概括的，抓住工作的重要环节，简单描述即可。

（三）乱拍马屁献殷勤

社会中总有一些人，信奉"只要马屁拍到位，平步青云得富贵"的歪理邪说。

我曾经参加过一次主管政府部门召开的研讨会，最后有个谈工作建议的发言环节，要求每人10分钟。有一位同志拿起话筒就开始说，说此次会议内容丰富、贴合实际、深入浅出，某某局长高瞻远瞩、超前谋划、体察民情等，整整用了9分钟把主办会议的政府部门狠狠夸赞了一番，与会其他单位的代表听得已经是鸡皮疙瘩掉满地了，他自己还沉醉其中。所以在述职报告中，切记不要用大篇幅的文字拍马屁献殷勤，套话连篇，这样只会适得其反，惹人讨厌。

有些人喜欢在述职报告的开头把领导大赞一通，我甚至见过拍马屁的话占比超过三成的述职报告。换位思考，假如你是领导，听下属公开述职时，不停地说你指挥得多英明，多么支持工作，体察民情，一两句还好，如果不停地说，是不是有点过头了。所以，在述职报告中，我们不要用大篇幅的文字拍马屁献殷勤。

（四）缺乏思考没营养

缺乏建设性的思考是许多述职报告的通病。述职报告要做得好，需要有思想、有新意、有营养，除了总结一年的工作，更重要的是谋划未来。这就需要我们平时多思考与沉淀，因为工作计划是根据一年的工作实际，挖掘工作中存在的短板，有针对性地提出改进措施，抑或是创新性地开辟或推动新业务。如果你平时工作中比较喜欢思考，那么肯定会发现工作中的一些可以改善的地方以及一些应该做却没人想到的点子。

之前我认识两个年轻人，特点鲜明，一个按部就班，告诉他什么就干什么，绝不会主动思考；还有一个脑子灵活，经常举一反三，每次工作的成果都很让人喜出望外，惊叹"原来还可以这样做工作"。领导让汇总数据，一般人就真的只是把数据统计到一块，而她呢？她会思考一下领导要这些数据有什么用，根据可能的用途对数据做简单的总结，或者从不同的维度对数据进行汇总，便于领导后续分析，主动思考当前结果可能带来的下一步措施，更好地满足了领导需求。

很多人在写下一年工作计划时只是按部就班地把本单位的既有工作计划列出来就完事了，或是写一些诸如"加强政治理论和业务学习"的官话。如果平时我们不勤于思考，怎么能提出改进措施？怎么能提出创新性的工作方向？有的朋友工作业绩和其他人差别不大，但就是脑子里想法活，点子多，能够提出一些宝贵的建议和意见，让领导听了频频点头，这对工作的提升具有实质性的意义。

（五）缺乏表现没张力

写述职报告时，一般人事组织部门会给大家一份模板，大家照着模板往里面填内容，写完后提交就完事了。如果不需要当场述职，这样做没问题，如果需要当场进行述职汇报，特别是有的单位还需要做PPT，就一定要单独准备一份差异化的述职报告，即一份书面的，一份口头的。

我见过大多人直接拿着书面的报告，一字不落像小学生念课文一样念一遍，过程中头也不抬，就在那低着头看着稿。大家听完了，一个字都记不住，这就是缺乏表现力。

有一次我们部门集体进行述职演讲，一位处长的述职报告是他手下员工给写的，全都是书面语。他那几天比较忙，没时间修改，拿着稿子就上会了，于是演讲中念稿子念得磕磕绊绊。文中有个地方，写稿的人自己觉得写得很精彩，在后面加了个括号，写了"此处可能有掌声"几个字。结果被这位处长原原本本地给念出来了，话一出口，大家哄堂大笑，搞得他无比尴尬。

现场进行述职报告，除了要把述职报告写好，还要把自己当成一位演讲者，当成一位演员，把这场报告、这场演出给演好，让别人能够记住你干的事情，给别人留下深刻的印象。

五、述职报告的写作技巧

（一）日常工作勤记录

俗话说"台上一分钟，台下十年功"。日常工作不记录，年底总结抱头哭。做好日常记录，是一个职场人的基本素养。工作记录有助于年底做总结时迅速梳理全年工作，该分类的分类，该量化的量化，可以从容不迫，避免临时抱佛脚。我自己一直有这样的习惯，每天会以简短的描述记录当天的工作，比如举办了什么活动，撰写了什么方案，提请了什么请示等。这样日积月累，在回顾总结时你会受益匪浅。

2021年有个电视剧叫《突围》，靳东、闫妮和黄志忠主演的，讲是国企反腐，里面闫妮演的是一个央企二级公司的总经理，她就有记笔记的习惯，每天大大小小的事都记在笔记本上，后来她的几十个笔记本成了中纪委查案的重要线索。

我觉得，用笔记本记录工作不如用电脑，一是查阅不方便，二是容易丢。现在电脑上有不少的软件，如Word、Excel，我自己用的是印象笔记，跨平台同步起来比较方便，电脑不在身边用手机也可以随时记。

当然了，做记录也有很多技巧。有一种方法叫PDCA循环，就是把工作记录分成四个部分，分别是计划、执行、检查、总结。

计划有年度计划、季度计划和月度计划，有的单位会细化到周计划。计划是动态调整的，做计划的好处，就是时刻明白自己该干什么事，别手头事情一多，忙起来就忙忘了，而且还能帮助你梳理总结出事情的轻重缓急，排出优先级别，避免被一些蝇头小事耗费过多精力和时间。

有了计划，就得对执行情况有个反馈，哪些完成了，哪些在进行，哪些遇到了问题，一些重要的节点都可以在工作日志里记录下来。说到这里，我想起一部2015年的科幻电影，叫《火星救援》。几名宇航员被派到火星执行任务，遇到了一场异常猛烈的沙尘暴，飞船被毁，同事接连殒命，只剩男主角马克一个人。他在火星上一个人顽强地生活着，每天都在基地里用摄像机记录当天的事情，比如来了一场几级的沙尘暴，自己打算种土豆，每天土豆长势怎么样。

工作记录要对计划进行闭环，还需要有检查和总结。一项工作任务完成了，我会记录下完成的时间点，还会详细记录是如何完成的，成果如何，有什么影响，以便于事后进行提炼总结与回顾。

除了日常记录，我还会在每个季度对整体工作情况进行总结，如果需要向上级汇报，就系统梳理，如果不用汇报就简要梳理。我一般每个月会召开一次部门会议，梳理一下部门各员工的工作进展，有的员工完成的进度比较快，有的可能遇到些难题进度滞后。了解清楚后，我会及时作出调整，对于进度完成快、工作能力强的员工，会多压压担子，重点培养；对于有些能力不足或家里有特殊情况的同事，也会相应减轻他们的工作压力。

（二）把握逻辑说重点

职场上，任何应用类的文章，要想写好，必须讲逻辑。写述职报告，逻辑清晰是基本功。一年下来，你的工作肯定没少干，其中每件事所花费的精力，所产生的影响肯定是各不相同的。安排逻辑线的方法有很多，比如因果结构、并列结构和递进结构。写述职报告时，首先得确定述职的维度分类，一般来说，如果工作内容跨度比较大，可以按内容分类，每一类中按重要性依次排列；如果工作相对聚焦，则可以按具体工作的重要性排列。明确了结构之后，我们还要合并同类项并用数字进行体现，比如全年完成合同多少个，为公司创造营业收入多少，或全年帮助企业申报政府项目多少个，争取到财政补贴多少钱，等等。

有了基本的框架逻辑后，如何将述职报告写得精彩，让听众有一种非听下去不可的强烈愿望呢？从叙述的角度来说，有一个巧妙的方法，就是采用新闻界通用的"新华体"。"新华体"是新华社根据国外新闻写作经验，结合中国特色发明出来的一种新闻稿写作技法，基本格式是首先把事件中最重要的部分在导语中简明地体现出来。其次，在第二段进一步具体阐述导语中的这个重要部分，形成支持，不至于使受众在接受时形成心理落差。因而，第二段实际上是一个过渡性段落。再次，按照事件发展的时间顺序把"故事"讲下来。

这个办法用在述职报告上，就是把一年来最突出的成绩、最精彩的部分置于文章最开头，引起听众的关注，并产生一种强烈的兴趣。其他一般性的工作内容，可以按时间顺序排，也可以分类排。

比如，人力资源部的小王一年内完成了很多任务，但最重要的是牵头建立了人力资源管理系统，于是他在述职时就把这件事放在报告的开头，浓墨重彩地进行了描述，其他的工作则采用合并同类项的方法以面带点地进行概述总结。这样一来，大家对小王的重点工作有了深入了解，同时也看到了他在其他方面付出的辛苦及取得的成绩。

再比如，这位年轻驻村干部的述职报告：

我们村北部的农田水利设施不健全，严重影响了农作物灌溉。对此，我反复建议村委会建造灌溉机井，并与村委会的几位同志走门串户，一家一家宣传发动，经过两个多月的走访、动员，终于说服并感动了全村乡亲。经过5个来月的苦战，终于高标准修成了7个机井，解决了附近数百亩地的灌溉问题。

通过客观、真实、可信的叙述，一个勤勤恳恳、任劳任怨、默默奉献的驻村干部形象跃然纸上，给大家留下了深刻的印象。俗话说得好，勤能补拙，绩效考核是围绕"德、能、勤、绩、廉"五个方面开展，其中"勤"是重要的考核内容。"勤"指是否具有积极的工作态度和事业心，工作是否一丝不苟，平时是否肯学肯钻。对于这位驻村干部来说，勤奋是他取得成功的关键因素。

所以，如果你在找逻辑和抓重点这方面之前没有留心，那么下次写述职报告的时候梳理好逻辑线，抓好重点内容，效果肯定会不同凡响。

（三）检视存在的问题

人无完人，一个再优秀的人，也总会有这样或那样的缺点与不足。但是要真正认清自己的问题，并不是一件容易的事情。能够做到每日三省吾身的人，不是圣人就是在成为圣人路上的人。反省是一面镜子，它能将我们的不足和错误清清楚楚地照出来，让我们有机会改正它。

述职报告中成绩、亮点要写，缺点与不足同样要写。如果只写成绩，不写缺点，就会让人产生不客观、不真实的感觉。那么这部分的尺度该如何拿捏？这是要讲究艺术的，就好像批评与自我批评，在指出别人不足的时候，有些话适合当众说，有些话适合私下说，有些话不适合说，具体要因人而异、因时而异，否则极有可能引火上身，招惹是非。

述职报告中反思自己存在的问题，要把握好一个度。既不能瞒天过海、滥竽充数，写一些无关紧要的或鸡毛蒜皮的问题，也不能硬扯自己的弱点和软肋，而要从工作能力、工作态度、学习程度、管理方式等方面找差距。

一位党委书记的述职报告，缺点与不足是这样写的：

今年虽然取得了以上点滴成绩，但仍然存在明显的缺点与不足，这主要表现在：由于平时事务繁杂，对政治理论学习不够，政治理论素养还有待进一步提高；工作过于小心谨慎，改革创新的意识不强，尤其是在业务开拓方面力度不够，工作略显被动；性格比较急，干事喜欢雷厉风行，讨厌拖泥带水，对同事批评责备多，鼓励表扬少，工作方式方法存在简单、粗暴问题。

这位党委书记剖析自身的缺点与不足比较真实、客观，听众觉得这位书记诚恳、实在、踏实，值得信赖。当然，写缺点与不足的时候一定要分析透彻、到位，既要分析缺点与不足产生的原因，又要分析产生的危害。只有这样，才会将一个"真实的你"呈现在大家眼前，赢得大家的认可与支持。

（四）科学谋划未来工作

述职报告，既要总结过往，更要谋划未来。确定来年的努力方向，树立"一年前进一大步"的信心，给人一种期盼、一种振奋，让领导和同事看到一个自信、善于思考、谋略在胸的人。

据史料记载，咸丰皇帝曾因曾国藩在对垒太平军时连吃败仗，把曾国藩召回京城责问："败军之将有何面目见朕？"曾国藩辩解说："罪臣真乃败军之将，罪不容恕，但臣带领众将士屡败屡战，浴血斗争，毫无惧色，誓与华夏共存亡。"咸丰听言转怒为喜，降阶相搀夸道："好个屡败屡战之将，真丈夫也！"

打败仗是客观事实，一个"败"字，给人传达一种痛苦的感觉；屡败屡战则透露出顽强的意志，突出一个"战"字，说明面对一次次的失败，毫不气馁、百折不挠。所以，有问题、有不足是没关系的，关键要有勇气承认，有信心改正，这才是领导真正关心的。因此，我们一定要有承认错误的勇气，有改正错误的决心和信心。

除了给人一种积极乐观的态度与决心，我们还要科学地谋划下一年的重点工作。前面我们讲了，不少人的述职报告中都缺乏思考，实际工作中，绝大部分人还是按部就班地完成上级交办的任务。能够主动出击、主动谋划，并且能谋划到点子上，走一步想三步，把一盘大棋给下好的人还是少数。这临时抱佛脚可办不到，需要平时的日积月累，深度思考。我平时工作中遇到一些可以改善的问题，或是一些探索性的领域，经常会在上下班的地铁上，或是在饭后散步的路上在脑袋里勾勒思路。一个事想了半天，没什么结果，晚上睡觉做梦还在继续思考，经常在睡梦中突然获得灵感，将其应用在实际工作，会收到意想不到的效果。如果你是思考型选手，那么一定要把你的思维火花在述职报告中展现出来。

（五）适度包装与美化

摄影师拍完照片后，如果看他的原图，觉得平平无奇，没什么独到之处，但是等摄影师做完后期，把照片修完之后，有些照片可以说是"女大十八变"，光影、色泽、细节都美轮美奂。

文章不厌百回改，千磨万砺始成金。鲁迅先生说自己写文章，写完之后至少看两遍，竭力将可有可无的字、句、段删去，毫不可惜。自己觉得拗口的，就增删几个字，一定要把它改得读起来顺口。

述职就像给自己画自画像，在整体完成后，也有必要适度美化一下。就是在报告大致写完后，在措辞表述上稍加修饰，让述职报告显得高大上、有档次。当然，要掌握一个度，不可太过炫酷，要带有真情实感。我见过不少述职报告，写成了炫技的演讲稿，这反倒让领导和群众觉得你这个人不太靠谱。

对于述职报告的修改，可以采用"四加三减"的方法。

先说加法：

一是加高度。阐述工作的时候，要立意深远，提高站位，把这件事情的影响和意义说出来。同样是裁员，看看各位老板是如何描述的：

华为：放弃平庸的员工。

百度：要鼓励狼性，淘汰小资。

京东：需要淘汰一些因为自身原因而不能努力拼搏的员工。

腾讯：公司需要做结构化优化。

阿里：向社会输出1000名在阿里巴巴工作超过十年以上的人才。

二是加深度。有些内容，适合往深处发挥的，可以巧妙地把自己的思考套上一些具有哲理的话，加在述职报告里，让人听后若有所思。比如在谈政治理论学习的时候，大部分人都是从网上抄来套话，稍加改动。你可以根据中央的某个精神，结合本职工作，略谈自己的思考和体悟，间接为下一步工作建言献策，这样就显得你既接了上面的天线，又连了基层实际的地线，更做好了自己这根连接线。

三是加亮度。亮度从本质上讲，要靠提炼。一样的工作在不同的人眼中会有不同的表现，区别就在于提炼的功底。另外，就是要有金词金句，让人眼前一亮。如果你是大文豪，可以自创金句，如果你文笔平平，可以投机取巧，从网上找金词金句，你所写到的工作内容，绝大多数其他人都写过类似的文章，多看、多借鉴，事半功倍。除了文字表述，如果要求做PPT，我劝你一定要略微学一下PPT的技巧，起码做出来的要美观大方。

四是加实度。主要是定性与定量结合，平铺直叙与夹叙夹议相结合，做到有故事、有数据。数据必须有说服力，需要注意的是不要一引用数据就撒胡椒面似的全面铺开，而是要有重点、有目的地引用。

再说减法：

一是方向跑偏的要减。不少朋友在写作过程中，兴之所至，笔触所及，也不再理睬主题是啥、主线在哪里，洋洋洒洒写了很多，这很容易跑题。这就需要把跑偏的内容删减掉，及时矫正过来。

二是语义重复的要减。初稿完成后，首先就是要看看哪些表述其实是一个意思，前后重复，可以择一删除。这样删减后，至少在逻辑上避免了交叉重复，同时也压缩了篇幅。

三是不宜表述的要减。尤其是一些敏感的、涉密程度深的内容，如果不适合在文中体现，说了可能会泄密或带来不良影响，要谨慎删除，确保万无一失。

利用"四加三减"修改述职报告，还有一点要尤为注意，就是现场表现力，报告写好了，一定要反复练习个两三遍，做到能脱稿尽量脱稿，脱不了稿也要以抬头诉说为主、低头看稿为辅，要和台下的听众保持眼神交流，这样才能有情感共鸣，获得别人好感。

述职报告范文

机关干部述职报告

我是××年×月从××调整到××组织处工作的，满打满算1年时间，其间能够认真履行职责，较好地完成上级赋予的各项任务。现根据要求，重点对一年来的工作经历、心路历程作汇报。

一、学习+思考，在学习中提升"领悟力"

到组织处工作，是我的职业生涯中的一个重要转折。当时，我自我检视，一个是尽快适应岗位转变，另一个是努力实现从过去被动落实向跟上领导思维转变。正因如此，我把自己的工作模式定位为"学习+思考"，发挥组织处便于学习的优势。一是在紧跟上级指示中学习思考，及时跟进学习习近平新时代中国特色社会主义思想，以及军委、×军党委首长讲话和文件，特别密切关注中央和各级最新指示精神，只要获悉上级有新指示新讲话，努力尽快搞清楚掌握住。二是在领悟首长的思想中学习思考，让党委思路和首长思想在头脑中打下烙印，注重发挥党委办事机构离首长近的优势，从首长讲话指示中悟、从首长领导艺术中悟，悟字里字外的东西、悟首长思想中的思想。三是在掌握部队实践中学习思考。我始终认为，机关干部脑中有情况，关键时候才不慌。十分注重关注部队面上动态，利用陪同首长下部队调研以及留意业务口子呈报的部队做法等，让自己更接地气。四是在顺应时代潮流中学习思考，养成了多渠道获取信息的习惯，开阔眼界思路。事实证明，在变革图新的时代，每个阶段都会遇到很多全新的概念，与时代接轨、向网络问效、使知识"保鲜"，对提升格局、完成任务都有很大帮助。

二、踏实+认真，在工作中享受"获得感"

谨记岗位连着责任、小干事也有大责任，全身心投入每项任务，踏踏实实、兢兢业业干好每项工作。一年来珍惜岗位、履职尽责，把功夫下在领会、落实、认真上，初步罗列一下包括四个方面：一是珍惜每一次参与中心工作的机会。这一年，党建工作任务非常繁重，我全程参与推进"两学一做"学习教育常态化制度化，开展了"维护核心、听从指挥"主题教育活动和学习宣传贯彻党的十九大精神系列活动，认真做好各环节工作落实，参与起草的×个情况报告受到×级首长批示肯定，×个做法分别被×级转发。二是珍惜每一次参与大项目的机会。把参与大项目难项目当作锤炼素质的难得机遇，一年来除参与党委扩大会和常委民主生活会的筹备工作，我还先后参与了政工会、×级以上领导干部会议、×级党委领导培训、先进事迹报告会等×余项大活动，这对我自身素质的提升是很大的。三是珍惜每一次参与调研指导的机会。先后×次参加×检查调研、参加单位民主生活会和蹲点调研等，主动进入、全心投入，深入一线掌握第一手资料。四是珍惜每一次参与重要材料起草的机会。无论是起草首长讲话还是调查报告，都用心用力，不敢有丝毫应付念头；无论是部里牵头，还是配合其他业务处，都注意向他人学，认真听、认真记、认真想，对领导修改的地方仔细琢磨，在点滴中积累提高。

三、实践+感悟，在历练中实现"快成长"

回顾这一年，苦、辣、酸、甜都有。"苦"的是素质还跟不上，尽管参与中心工作、大项目比较多，但明显感到工作还是被推着和压着走；"辣"的是尽管领导都有很大的胸怀，但自己脸上总感到火辣辣的，对不起领导的信任和培养；"酸"的是愧疚于自己那个小家，由于加班加点是常态，经常回不了家，没有更多精力照顾家庭，特别是这次选调来基地，家属独自在×带孩子，心里滋味不好受；"甜"的是这三年身处的团队聚气向上、正气充盈，尽管工作比较辛苦，但很充实很愉悦，也得到了很多锻炼。在机关工作的几年，我也有一些体会：第一，常思考才能有思想。人是靠思想站立的，也要靠思想行走，尤其是政治干部一定要有思想力，经常动脑子才能有活思想，工作指导才更显底气和实效。第二，给任务就是给机遇。这也是老干事们以老带新传下来的，见任务不躲、有任务就上。在工作过程中，部处领导经常是手把手教，我们从中可以学经验、攒经历、出成绩，把握更多机会学中干、干中学。第三，有作为才能有地位。个人成长进步离不开组织的教育、关心、培养，每项任务中都有质量、成效和认可度的问题。正因为深知靠素质立身、靠实绩进步这一点，我在工作上从没有懈怠过，总有一股力量在感染着我向前走。第四，团结凝聚出战斗力。任务压不垮人、压垮人的往往是内心的脆弱。只要心里不苦，工作便也不觉得苦。政治机关这个团队应该抱团取暖，工作上合心合力，私下里互帮互助，团队的力量蕴藏着攻无不克的潜能。

总体来看，这一年来自己履行职责是尽心尽力的，但也存在一些短板和不足：一是落实工作的实效性还不够。主要是工作中"埋头拉车多、抬头看路少"，这个"路"对下是通达基层的心路，对上是领悟首长的思路。二是素质和经历还不够。从×年开始就从事组织工作，先前工作历练比较少，一定程度上局限了自己的眼界思维，导致思考问题、筹划落实有时不够深入。下一步，我将尽快适应新体制新职能新使命的要求，进一步刻苦努力、补齐短板，更加扎实工作，更好履职尽责。

第二节　讲话稿

一、讲话稿是体制内工作中经常用到的重要材料

开会是职场人的家常便饭，有的单位甚至是一天两小会，三天一大会。网上流传着一个关于开会的段子：

开会呀开会，不开怎么会，本来不太会，开了就变会。

有事要开会，没事也开会，好事大家会，出事大家推。

上班没干啥，一直忙开会，大会接小会，神经快崩溃。

虽然这只是一个段子，但是也确实反映出当前机关里存在文山会海的现象。国家三令五申杜绝这种形式主义，提倡开短会、说短话、写短文，但是有的单位确实工作千头万绪，有工作要部署得开会、有事情要协商得开会、有课题要研究还得开会。一天大会小会多得确实烦人，但又没办法。咱们这些工作人员，只能是按照要求去准备、去张罗。

但要把会办好、办得出彩，免不了要掌握会议材料的写作技巧，这其中讲话稿和主持词是重中之重。领导讲话稿需要在会前准备，它的写作难度可是不低。

二、讲话稿有哪些特点

讲话稿写起来比一般的公文麻烦得多，主要是因为它要得急、变化多，并且需要反复修改。

（一）要得急

有时候前一天下午告诉你写作任务，第二天就得用，熬夜加班在所难免。

我还记得2013年4月，四川雅安发生了7级地震，当时我们单位有很多项目离震源很近。那是个周六的早上，大家都在休息，很多同事还在睡懒觉。地震发生后，单位的领导高度重视，要在第二天一早就召开会议部署抗震救灾的工作。当时我们安全生产部的同事整整忙活了一天一夜，了解一线情况、研究受损情况、提出应急预案、准备紧急会议、撰写讲话稿。他们基本上一夜无眠，第二天又接着连轴转，毕竟是人命关天的大事，大家也都提着精神。周日上午会议开完以后，很多同事基本上快要累瘫了。在工作中，各位同事可能都多少有过类似的经历。要得急，这也是讲话稿最为突出的一个特点。

（二）变化多

组织会议最累的就是议程和人员不断变化，本来说好了书记参会，早上临时又改成总经理参会，让人措手不及。

我经历过变化次数最多的会议，前前后后参会人员变了五六次。当时是参加一个部委的大型商务活动，有个讲话的环节，本来是董事长要出席，后来他有事换成总经理，后来又换成张副总，之后又换成李副总，最后董事长又腾出时间了，又改成董事长出席。看似小小的变化，这可为难了写讲话稿的人，因为不同层级的人讲话的侧重点、内容、语气都不一样，所以讲话稿也得来回改，别提有多费工夫了。

（三）不断改

讲话稿有一条定律是"会议不开，改稿不止"，很多领导对于稿子是追求精益求精，开会前一直都在反复推敲修改。再有，领导思路千差万别，讲话稿要层层修改。

有一次集团领导要参加商务部一个活动，要致辞，讲话时间大概不到5分钟，不超过1200个字。稿子的准备时间比较充裕，我提前一个月写好了初稿，交给副处长审核，改了一遍；然后拿给处长审核，又改了一遍；

再拿给部门副主任审核，又让我重写，说是高度不够，于是我按照领导给出的意见又写了一篇。重新经历了副处长、处长、副主任审核，好不容易通过了，到了主任那，大家又一起开着投影仪坐在会议室改了半天。终于弄完了，交给集团副总，副总也作了修改，然后再交给董事长。最后的活动上，董事长竟然临场发挥讲了3分钟，根本没用稿子。你能想象我当时是多么的沮丧和无语吗？没办法，有时候就是这样。

（四）内容实

内容实，就是要讲符合实际的话，不讲脱离实际的话；讲管用的话，不讲虚话；讲有感而发的话，不讲无病呻吟的话；讲反映自己判断的话，不讲照本宣科的话；讲明白通俗的话，不讲故作高深的话。

讲话写文章，还是要说点自己的认识，这是决定有什么样的文风的起点。不良的文风，诸如那些面面俱到、离题万里之"长"，那些照抄照搬、不触及实际之"空"，那些堆砌概念、言不由衷之"假"，究其原因，首先就是在讲话写文章的起点上搞错了。"修辞立其诚"，长、空、假的典型标志就是看不到自己的话，这对别人不仅是一种折磨，而且会让人觉得你说话写文章没有诚意，对听者读者也是一种轻视和冒犯。

这就要求我们的文件、讲话和文章，力求反映事物的本来面目，分析问题要客观、全面，既要指出问题，更要弄清本质；阐述对策要具体、实在，要有针对性和可操作性。要实事求是，有一说一、有二说二，不夸大成绩，不掩饰问题。要深入浅出，用朴实的语言阐述深刻的理论，要有感而发，情真意切。有些文章，让人读完印象深刻，就是因为这些人讲出的话饱含深情、富于哲理，能深入人心，引起共鸣。

三、讲话稿的写作技巧

（一）了解领导的意图与习惯

俗话说"文以载道""文如其人"，讲话稿更是如此。同一篇稿子，张司长认为非常好，王司长可能会认为不怎么样。究其原因，关键是咱们这些撰稿人是否准确理解和体现了领导的意图，也就是说，是否了解讲话人的"胃口"。一般讲话稿都是体现领导的意志。所以，在接受任务时、写作过程中要多与领导沟通交流，严格按照领导的意图来进行，不能自己随意天马行空瞎写。

我认识一位处长，专业素养很强，但是性格内向，不太喜欢跟领导过多打交道。有一次他们要筹备开一个大会，需要单位"一把手"讲话发言。这位处长没有跟领导沟通，就按照自己的理解闷头组织员工写讲话稿。结果稿子递交上去，整个方向都出现了偏差，领导想从宏观层面去分析，他写的稿子全部聚焦在微观的细节问题上，可以说是完全会错了意。在写讲话稿的过程中，这是十分常见的现象。所以，写稿人和主要领导或分管领导一定要有沟通，哪怕是简短的询问，也能大概知道领导心中大意，从而避免写报告时南辕北辙，白费工夫。

在语言表达方面，每一个领导都有自己的习惯。有的喜欢讲话朴实、直接。比如，讲违反规定的意思，可能这么说："对违反规定的人和事要狠抓不放，一查到底，一经查实，从严处理。"有的喜欢讲话委婉、柔和，同样的意思，则可能讲成："对违反规定的，要区别情况，轻者批评教育，重则按党纪政纪进行处理，特别严重的可能要绳之以法。"有的喜欢以理服人，就有可能讲成："你违反规定，势必要损害他人的利益，妨害事业的发展，影响自己的成长，于公于私都不好，同志们的确应当认真思考，慎重对待，切不可掉以轻心。"有的喜欢以情动人，注重讲话要有人情味；有的喜欢引用经典作家或党和国家领导人的话；有的则喜欢讲一些自己的话，即使是经典作家或领导人讲过的话，也要变成符合自己表达习惯的语言。鉴于此，我们在起草讲话稿时要多留心，多琢磨，探索符合讲话人习惯的行文方式和表述形式，切不可要求领导适应自己。

(二)避免过于生硬、过于书面化

人们平时说话忌讳干瘪生硬，没有趣味，缺乏吸引力。在台上讲话与平时说话是一个道理，最忌讳的也是语言无味，过于生硬、过于书面化。我参加过很多会议，会上的一些发言人讲的让人昏昏欲睡，台下不是在打盹就是在玩手机。会议的效果好不好，看台下观众就知道。很多人一上台就不会讲话，只会讲些官话、套话，没有血肉和灵魂的空话。

要尽量把稿子写得有血有肉，不仅要有正确的观点、确凿的事实，还要有自己的见解。讲话稿不能按照公文的框架结构来写，因为用眼睛阅读和用耳朵听是截然不同的感受。同一篇讲话稿中，尽量不要搞层层标题嵌套，这样容易让人产生内容错乱的感觉。跟公文不同的地方，是讲话稿的多层结构之间，需要一些过渡的话，把分层次体现在稿子当中。

为了避免太生硬，还有一个比较有效的办法，就是采用夹叙夹议的方式。从头到尾都讲重要性，谈大道理，很容易让听众迷茫。采用夹叙夹议的写法，既摆事实，又讲道理，还谈个人看法，巧妙地把这几方面内容融合在一起，可以让听众感同身受，回味无穷。

(三)善于处理好两个关系

一是处理好权威与通俗的关系。领导讲话具有权威性、政治性、思想性，要有坚定的立场原则，严肃认真的态度也是领导讲话的基本要求。但是，由于听众的差异，如果一篇讲话稿一味高高在上强调权威便会与听众拉开距离。同样的，如果一篇讲话稿一味过度追求接地气，就会容易失去原则，有了热闹失了立场。因此，要重点处理好权威与通俗的关系，找到完美的契合点。

二是处理好深入与浅出的关系。简单地说，就是处理好讲道理与讲故事的关系。有时候道理讲得多了，难免生硬，接受起来效果不好。有时候故事讲得多了，容易偏离主题，抓不住中心。处理好深入与浅出的关系，讲话稿才能真正抓住人，达到开会的目的。

要处理好这两个关系，关键是要善于换位思考，站在听众的角度去思考应该说些什么。写出的讲话稿要符合自己的身份，还要面对不同的对象。不同的对象有不同的要求，听众有不同的接受习惯。因此，一个人的讲话风格未必是单一的。

（四）要有鲜明的观点与逻辑

很多领导讲话，讲了半天，别人也不知道他讲了什么。如何把领导的观点讲清楚、说明白，让听众入脑入心呢？这就需要我们站在全局的角度去思考，把大道理讲实，讲得通俗易懂，让人容易接受；把小道理讲透，理论结合实际，分析深层逻辑，让人恍然大悟。

开会一般都要集中部署某项工作任务，或者研究解决一些突出问题。讲话稿是有一些常见的套路可遵循的。部署性的讲话稿，一般开宗明义，上来就直接指出会议的任务，接下来按照为什么、是什么、怎么做展开，部署工作，进行动员。总结性的讲话稿，一般简单描述会议目的、意义和任务，然后全面总结工作、分析形势，列举目标，提出举措，最后肯定和鼓励员工。

最起码整篇稿子要有一个主线条，各个部分得有自己的支线条，同一个部分里的每一个自然段，甚至其中的每一层意思还应有相应的小线条。要保证主线条清楚，支线条排列有序，小线条之间联系紧密、错落有致，才能实现部分与部分之间、段与段之间、同一段中的层与层之间起承转合自如，形成层次分明、环环紧扣、层层递进的整体格局。要达到这一要求，关键在于把握好讲话稿的内在逻辑关系。

讲话稿中部分与部分、段与段、层与层、句与句之间的逻辑关系比较容易掌握，而词与词之间的关系则常常被人忽视。一般说来，讲话稿中词与词之间的关系最常见的是连接紧密，意思递进。比如，解放思想、开拓进取、同心同德、埋头苦干，就是由思想到状态，再到群众意识，最后落到行动上。解放思想、振奋精神、开拓进取、扎实工作，则是由思想到精神再到状态，最后落在行动上。要做到线条清晰、脉络顺畅，最主要的是培养自己的逻辑思维能力。逻辑就像是一条线，如果少了这条线，整篇讲话就是一地散落的珍珠，没办法串联成美丽的珍珠项链。要想逻辑思维能力强，就要善于对材料进行梳理，并分成若干类，找出每一类的内在联系和相互关系，然后按一定的规律进行排列组合。

领导讲话，一般都希望自己讲的内容认识问题深入，分析问题到位，自己的观点精准，提出的举措可行，要做到这些，光靠笔杆子功夫可不行，还得靠平时自己对工作的认识。

我们办公室有一位写材料的"笔杆子"去新疆挂职，挂职期限3年，他写材料时缺人手，于是招了一位文学系的高才生。这个人文笔那是相当可以的，以前写过小说，写过专栏，还是几个杂志社的常年供稿人。她来了之后，主要就是写材料。但是这种工作内容，导致她被困在办公室，出差调研和接触基层单位的机会不多，且自身家庭压力大。所以，她对基层单位工作情况的了解主要就是靠书面材料以及平时公对公的电话沟通。时间久了，她对于基层单位的认识就只是浮于表面。这样，她写一般性的总结材料还行，写起讲话稿来，就显得空有框架结构和华丽辞藻，没有实质的内容。很多真实的情况，需要我们通过调研、面对面的交流才能了解实情，特别是存在的问题和困难，这些从书面材料中绝对找不到的。领导讲话是高屋建瓴、站在全局的角度上剖析问题、提出举措，如果连真实的问题都抓不准，那么讲话稿是很难有含金量的。

（五）充分发挥集体智慧

发挥集体的智慧，是创作优质讲话稿的一种很好的方式。很多单位在年终开年度工作会之前，都会组织一个写作班子。一些重要会议的讲话稿，不仅起草人员要对它多次修改，讲话者本人要审阅修改，有时领导集体还要专门开会研究，甚至需要发到有关部门征求意见。作为讲话稿的起草人，无论谁的意见都必须尊重，博采众长，切不可只重视和吸纳讲话者本人的意见，要有文不厌改、精益求精的诚恳态度。总的原则是：非改不可的坚决改；可改可不改的尽量改；被动改，不如主动改；迟改不如早改。

集体讨论的过程中有可能会遇到意见针锋相对的情况，谁也不妥协，各执一词，又不便协调的，可暂时回避，最终由领导定夺。讲话稿在写作的过程中要坚持个人与集体的统一。对于较大的材料，只靠某个人的力量来起草显然是不够的，需要通过写作班子集体讨论，大家分工合作，而后由一人统筹。这样做的好处有四点：一是便于提高写作效率，加快起草速度，毕竟人多力量大，可以并行处理；二是便于集思广益，博采众长，提供不同的思考角度，提高起草质量；三是便于扬长避短，相互学习，在实践中促进写作能力的提高；四是有利于培养新人，写作大型会议、重要会议的讲话稿，是非常考验写作者水平的，但也是锻炼人才的好机会。

讲话稿范文

某市委书记在某市第七届人民代表大会第三次会议闭幕会上的讲话

2018年12月28日

各位代表，同志们：

市第七届人民代表大会第三次会议，在全体代表和与会同志的共同努力下，圆满完成了各项议程，现在就要胜利闭幕了。会议期间，各位代表牢记神圣使命，依法履行职责，共商发展大计，体现了强烈的政治担当，展示了良好的精神风貌。会议审议批准的市人大常委会、市政府、市中级人民法院、市人民检察院工作报告和其他报告，反映了全市人民的意愿，凝聚着全体代表的智慧，是做好我市当前和今后一个时期工作的重要指导性文件。会议作出了设立、更名市人大相关专门委员会的决定，补选了市人大常委会秘书长、委员，通过了市人大社会建设委员会、民族华侨外事委员会、环境与资源保护委员会主任委员名单，顺利实现市委人事安排意图，展现了全市政通人和、砥砺奋进的大好局面。这次大会，是一次凝心聚力、共谋发展的大会，是一次提神鼓劲、开拓创新的大会，是一次求真务实、风清气正的大会。在这里，我代表市委、市人大，对大会的圆满成功举行表示热烈的祝贺！向全体代表，向服务大会的各个单位、全体工作人员和新闻工作者表示衷心的感谢！

即将过去的一年，是全市改革发展更有奋斗、更有态势、更有成效的一年。面对复杂的发展形势，全市上下团结一致、沉着应对、主动作为，各项工作好事连连、好戏连台、好评如潮，令人欣慰、令人鼓舞、令人感动。一年来，我们砥砺前行，进一步展现了全市作为。经济发展稳中有进、稳中向好、稳中提质，各项主要经济指标继续保持全省前列，高新技术产业产值突破千亿大关,新开工亿元以上产业项目214个,一批投资超过10亿元的重点项目正在加快形成新的增长动能。一年来,我们攻坚克难,进一步彰显了我们的担当。债务风险稳定可控,社会大局和谐稳定;精准脱贫深入推进;环保整治力度空前,生态环境持续改善;社会事业协调发展,人民群众的幸福感、获得感、安全感不断增强。一年来,我们真抓实干,进一步提升了城市形象。我们圆满承办了中国新型城镇化经验交流会、国际马拉松赛等重大活动,海绵城市建设成果亮相国家庆祝改革开放40周年大型展览,城市美景连续两年在央视重点栏目播出,获评全球首批国际湿地城市和中国美丽山水城市,城市知名度、美誉度和影响力持续提升。一年来,我们携手共进,进一步凝聚了共识。开放强市产业立市战略深入人心,有了大好开局、大好来势、大好前景,全市上下空前动员、空前团结,政治生态风清气正,全市进入了大事可期、大事可成的黄金发展期。

成绩属于过去,未来催人奋进。伴随着2018年的完美收官,新时代的壮丽画卷正在向我们徐徐展开。新的一年,奋斗是最鲜明的底色,实干是最嘹亮的号角,团结是最强大的力量。前不久,中央召开了庆祝改革开放40周年大会,强调建成社会主义现代化强国,实现中华民族伟大复兴,这是一场接力跑,我们要一棒接着一棒跑下去,每一代人都要为下一代人跑出一个好成绩。站在新的起跑线上,我们要在党中央和省委省政府坚强领导下,不折不扣贯彻落实市委市政府各项决策部署,勇立潮头、奋力搏击,不断开创开放强市产业立市更加光明灿烂的前景。

第一,前进道路上,我们要高举旗帜、维护核心。旗帜引领方向,核心凝聚力量。进入新时代,开启新征程,要从事关党和国家前途命运的战略高度,真诚认同核心、坚决维护核心、时刻紧跟核心,牢固树立"四个意识",始终坚定"四个自信",自觉践行"两个维护"。要坚决确保政令畅通，坚定不移贯彻中央和省委省政府决策部署，自觉把自己的工作放在大局中思考谋划，特别是要紧密结合实际，与"北京时间"对表，与"时代脉搏"共振，扎实做好"六稳"、三大攻坚战、高质量发展等工作，切实把上级决策部署转化为促进改革发展稳定的工作思路、方法举措和实践成果。

第二，前进道路上，我们要忠诚担当、攻坚克难。伟大梦想不是等得来、喊得来的，而是拼出来、干出来的。在推进开放强市产业立市的宏伟征程中，必定会遇到各种发展中的困难、前进中的问题、成长中的烦恼。面对困难挑战，信心比黄金更重要，定力比财富更宝贵。我们作为全市的"关键少数"，要有一种中流击水的劲头，一种以梦为马的激情，勇于担当，敢于攻坚，善于作为，决不打推诿回避的"太极"，决不当坐而论道的"看客"，决不做击鼓传花的"二传手"。要有攻坚克难的拼劲。当前，全市发展正处在转向高质量发展的关键阶段，面临日益激烈的区域竞争，不进则退，慢进也是退。斩断退路，才有出路。我们要激流勇进、敢打敢拼，深入实施产业立市三年行动，加快产业升级的进度，加大园区提质的力度，提升帮扶企业的温度，着力构建支撑高质量发展的现代产业体系。要有攻坚克难的韧劲。开放强市产业立市的美好蓝图，绝不是轻轻松松、敲锣打鼓就能实现的。不管是抓项目、抓产业，还是抓招商、抓环境，都要有常抓的韧劲、抓长的耐心，言必信、行必果，干一件、成一件，做到不达目标誓不罢休、不获全胜决不收兵。要有攻坚克难的闯劲。踩着别人脚步走路的人，永远不会留下自己的脚印。推进开放强市产业立市，没有现成模式可以照搬，也没有现成规律可以遵循，必须自己一点一点地探索，一步一个脚印地前进。看准了的事情，议定了的事情，只要在政策法规许可范围内，就要大胆闯、大胆试，就要一抓到底、一干到底，就要做到最好、做到极致，坚定不移走好开放强市产业立市这条康庄大道。

第三，前进道路上，我们要改革创新、扩大开放。实践证明，改革推动、开放带动、创新驱动，是高质量发展的关键法宝。要向改革要活力。我们要勇当新时代的"拓荒牛"，逢山开路、遇水架桥，不折不扣完成好中央、省委部署的各项改革任务，持续加力推进各项自主改革，当前特别要稳妥有序深化全市机构改革，确保推进改革和日常工作两不误、两促进。要向开放要潜力。在经济全球化时代，谁主动拥抱开放，谁就能赢得更大的发展，谁就能拥有更好的未来。我们要打开眼界看天下、敞开大门迎嘉宾，坚定不移做好"开放强市"这篇文章，进一步拓展开放视野，完善开放平台，抓好开放引进，发展好外向型经济，不断提升对外开放水平。要向创新要动力。抓创新就是抓发展，谋创新就是谋未来。只有敢于创新、勇于变革，才能突破经济发展瓶颈。现在不管是做大总量，还是提升质量，根本出路都在创新。我们要坚持创新引领，加快新旧动能转换，推动传统产业老树开新枝、新兴产业新芽成大树，为经济插上腾飞的翅膀，为发展提供强劲的支撑。

第四，前进道路上，我们要践行宗旨、造福人民。时代是出卷人，我们是答卷人，人民是阅卷人。人民群众对美好生活的向往，就是我们的奋斗目标。要落实好以人民为中心的发展思想，着力解决好人民群众最关心最直接最现实的利益问题，不断把为人民造福的事业推向前进，让发展实绩更有"温度"，让富民答卷更有"厚度"。要想群众之所想。要想公道，打个颠倒。只有和人民群众换位思考，才能切身感受他们的喜怒哀乐。学会换位思考，就能多一分理解和包容，多一分温暖和感动，多一分和谐和美好。要自觉摆正位子、迈开步子、扑下身子，把群众当成亲人，把群众的安危冷暖时刻放在心上，多为群众发声，多替群众谋利，多帮群众办事，与群众想在一起、站在一起、干在一起，用我们的辛苦指数换来老百姓的幸福指数。要急群众之所急。群众所急所需，就是我们工作努力的方向。要下大力气抓好就业、就医、就学、住房、养老等问题，让群众得实惠，用真情暖民心。要下大力气抓好高铁新城、沅江隧道、城东片区提质改造、农村学校建设三年行动计划等民生工程，切实把民生实事办到群众心坎上。要下大力气抓好扫黑除恶、安全生产、平安城市等维护社会稳定的工作，让老百姓生活得更安心、更省心、更舒心。要解群众之所困。群众有困难，干部拉一把、扶一程，是职责所在、良心所在。要坚持从最困难的群众帮起，从最突出的问题改起，从最具体的工作抓起，突出打好防范化解重大风险、脱贫攻坚、污染防治三大攻坚战，特别是在脱贫攻坚上要持续发力，誓做搬走"贫困大山"的新愚公，向贫困的最后堡垒发起总攻，决不让一个贫困群众在全面小康的路上掉队。

第五，前进道路上，我们要廉洁自律、永葆本色。一个人廉洁自律不过关，做人就没有骨气，做事就没有硬气，这是亘古不变的道理。我们要时刻牢记"全面从严"的要求，筑牢廉洁自律的堤坝，做廉洁从政、廉洁用权、廉洁修身、廉洁齐家的表率。要重自律。一个人能否廉洁自律，最大的诱惑是自己，最难战胜的敌人也是自己。要自觉明大德、守公德、严私德，修好共产党人的"心学"，经常修剪欲望的旁枝，拔除心灵的杂草，始终保持高洁的精神品质。要守法纪。牢固树立法纪观念，强化法纪意识，以纪为尺、以法为镜，经常量长短、正衣冠，洗洗澡、治治病，带头尊崇党章、带头执行准则、带头执行中央八项规定精神，严格按纪律办、按规矩办、按程序办，引领全市上下形成遵规守纪、尚德守法的浓厚氛围。要明得失。吉莫吉于知足，苦莫苦于多愿。要保持心态的平和，涵养心境的豁达，恪守心灵的从容，少想失去的、多想得到的，少算小账、多算大账，在付出中升华境界，在奉献中享受人生，在淡定中品味幸福，在平安中感受快乐。要育家风。家风与政风紧密相连。家风好，就能家道兴盛、和顺美满；家风差，难免殃及子孙、贻害社会。在严格要求自己的同时，一定要严格要求家人和亲属，切实做到重家教、守家规、正家风。

各位代表、同志们，人民代表大会制度是我国的根本政治制度。面对新时代新形势新任务，我们要进一步增强使命感、紧迫感和责任感，准确把握人大工作的新特点新规律新内涵，强化"作为"意识，提高"能为"本领，找准"善为"路径，为全市经济社会发展贡献新的人大力量。

一是要在服务发展大局上展现新作为。各级人大组织要牢牢坚持党的领导，自觉在开放强市产业立市大局下想问题、干事情，找准依法履职与工作中心的结合点和切入点，推动市委决策部署落实落地。各位人大代表要争当开放强市产业立市的生力军，勇挑重担，奋发进取，在经济社会发展的主战场上大显身手、大展宏图。

二是要在依法履职上展现新作为。要用好立法权，充分发挥市人大及其常委会在立法中的主导作用，积极推进重点领域立法，推动良法善治。要用好监督权，持续推动"一府一委两院"依法行政、严肃执纪、公正司法。要用好任免权，把党委的人事意图贯彻好落实好，确保党委意图和人民意愿的高度集中统一。要用好决定权，坚持抓重点议大事，推动重大决策进一步科学化、民主化、法治化。

三是要在密切联系群众上展现新作为。人大代表来自人民、植根人民、代表人民、为了人民，最大的优势是密切联系群众，最大的危险是脱离群众。要当好反映民意的"情报员"，主动倾听民声，积极向党委政府反映群众所思、所想、所盼；要当好人民利益的"维护员"，坚持为人民群众办实事、做好事、解难事，为人民群众主持公道、伸张正义；要当好矛盾纠纷的"调解员"，把群众工作做到老百姓的心里，化解社会矛盾，营造和谐民风。

四是要在加强自身建设上展现新作为。各级人大要始终把自身建设作为基础性工作来抓，推动人大工作与时俱进、改革创新。要坚定政治方向，认真开展"不忘初心、牢记使命"主题教育，树牢"四个意识"，坚定"四个自信"，践行"两个维护"，保证人大工作始终沿着正确方向前进。要提高履职能力，积极组织履职培训，深入学习人大业务，切实提高适应新时代、实现新目标、落实新部署的能力和水平。要改进工作作风，严格执行中央、省委和市委关于改进工作作风、密切联系群众的有关规定，牢固树立廉洁自律、心系群众、求真务实的良好形象。

人大工作是党和国家工作的重要组成部分。市委将一如既往地支持和保障各级人大依法行使职权，加强和改进人大工作。各级党组织要切实把人大工作摆在重要位置，思想上充分重视，工作上充分信任，决策上充分尊重，为推动人大工作和建设提供坚强有力的支持。"一府一委两院"要自觉接受人大监督，正确对待人大监督，积极配合人大监督，认真执行人大的决议决定，积极研究处理人大的审议意见。各级各部门要积极支持人大依法行使职权，认真办理人大代表提出的意见建议，主动为代表履职创造条件。

各位代表、同志们，幸福都是奋斗出来的，唯有只争朝夕、苦干实干，才能书写新历史、创造新未来、铸就新辉煌。让我们不忘初心、牢记使命，埋头苦干、锐意进取，深入推进开放强市产业立市宏伟事业，以优异成绩向新中国成立70周年献礼！

第三节　主持词

一、主持词的重要性

主持词也是会议的必备材料。一篇好的主持词，对于保证会议的顺利进行、串联会议的各项议程、提高会议的整体效果具有举足轻重的作用。

有一次我们公司举办一个会议，部门"一把手"是主要发言人，一位处长做主持人。这个处长刚被提拔，年纪轻，缺少主持经验，该交代的议程、参会人员之类的事没交代清楚，不该交代的内容却啰唆个没完，领导一个劲地冲着他指自己的手表以示要注意时间，他在台上一心念稿，一眼也不往台下看。并且，本该由大领导说明的内容都被这位主持人提前给说了，现场十分尴尬。

二、主持词的写作方法

主持词有一定的写作套路，掌握写作套路是确保主持词基本水准的保证。

（一）开场

首先是称谓，称谓是主持人对广大听众的称呼，一般用泛称，如"各位领导""同志们"等。如果地位、职务较高的人员在场，可以用针对性的称谓，如"尊敬的赵市长"等。

会议主持词的开头部分有着通用的五要素：

一是宣布开会，如"同志们，我们现在开会""同志们，某某会议现在召开"。

二是强调组织和领导对会议的重视程度，比如"这次会议是由市委、市政府研究决定召开的一次重要会议"。

三是介绍与会人员，重点是介绍领导时要把头衔说清楚。

四是介绍背景，这是开头部分的"重头戏"，让参会人知道会议是由于什么原因召开。

五是交代议程，即简要地介绍一下会议的开法，如"今天的会议有几项议程"。

（二）中间

为了让会议开得更加紧凑，中间部分不宜过多展开，应依次简单介绍会议的每项议程，若要点评发言，也要用最简练的语言来表达。为了使议程之间的转接形式不至于太呆板，可以用"下面""接下来""下一个议程"等词语衔接。

（三）结尾

主持词的结尾部分是对整个会议进行总结，并对如何贯彻落实会议精神提出要求、作出部署，主要有六个要素：

一是宣布议程结束，如"今天会议的议程已经全部结束"。

二是对会议做简要的评价，如"这次会议时间虽然不长，但安排很紧凑、内容很丰富"。

三是对会议进行概括总结。

四是就贯彻会议精神特别是领导的讲话精神，再强调几句，如"提高认识，明确责任，制订方案，狠抓落实"。

五是宣布相关事项通知。

六是宣布散会。

三、主持词的写作技巧

（一）明确议程，认真策划

在写一篇主持词之前，我们一定要清楚地知道会议的背景和每一项议程，认真分析每项议程的重要性，并对每项议程进行排序。要坚持便于会议的顺利进行、提高会议的整体效果和符合逻辑的原则，确定好会议议程顺序以后，就要认真考虑如何写开场白、如何形成高潮、如何结尾，这都是主持词不可或缺的一部分，要潜心研究、认真策划。

（二）条理清晰，衔接得当

不管是写什么样的主持词，都要有条理。没有条理，主持词就失去了它存在的价值，也无法将整个会议串起来。但仅仅串起来还不够，还必须串得自然、流畅，衔接得当，这就需要我们在选词造句时特别要注意考究，如在选择连接词、转折词时，要恰到好处。同一个词不要多次出现，同一意思要选择不同的词来表达，力求达到殊途同归的效果。

（三）善于应变，勇于创新

主持词的写作要留出余地，可以随机应变。会议主持词的写作没有固定的格式。不同内容的活动，采用不同的语言和风格。大型正式会议与临时性会议在语言和风格上肯定不一样。有的单位领导喜欢一字不漏地念稿子，有的单位领导喜欢临场发挥、侃侃而谈。在写有讨论议程的主持词时，就更要善于应变、灵活多变。如"各位领导、同志们，刚才大家就某某问题发表了很好的建议和意见。并就某某问题进行了讨论"。这些用某某代替的地方，就是灵活应变之处。在会议进行的过程中会发生一些意想不到的问题，这都需要在起草主持词时，力求考虑到所有可能发生的事情。同时，不能千篇一律，要突出每篇主持词的个性和特色，勇于创新，不能总是沿用老一套做法。

(四)巧于结尾,赢得听众

主持词有一个很关键的点,就是结尾。从人的认知角度来讲,一件事情的开始和结束阶段留给人的印象最深刻。会议主持词结尾写得怎样,直接关系到会议召开的效果和影响。在起草主持词的结尾部分时,语言要有鼓动性,内容要有号召性,力求营造良好的会场气氛。主持者要充分展现自信和魄力,正视困难,坚定信心,勇往直前,引起听众强烈的共鸣。最大限度地赢得听众,从而使会议的号召化作听众的自主意愿和自觉行动,成为促进工作目标实现的强大动力。

(五)定位明白,言简意赅

低调,是主持词的基调所在,主持词是绿叶,不是红花,在地位上处于附属地位,在作用上起到陪衬作用。主持词的低调体现在与其他讲话材料的关系上。主持词是为领导讲话和其他议程服务而存在的,说白了就是引个话、串个词。低调也体现在篇幅上。主持词的篇幅一般都比较短小精悍,切忌长篇大论、喧宾夺主。低调还体现在语言上。主持词语言风格不同于会议报告、讲话或发言,一般比较平实,开门见山、言简意赅、通俗易懂,很少用过多修饰词。

主持词范文

教育实践活动总结主持词

同志们：

按照省高教工委关于开展党的群众路线教育实践活动的部署要求，在报请教育厅第一督导组同意后，今日我们在这里召开×商学院深入开展党的群众路线教育实践活动总结大会，全面回顾总结我校深入开展党的群众路线教育实践活动的情况。

首先，介绍出席今日大会的省教育厅第一督导组领导：省教育厅党的群众路线教育实践活动第一督导组副组长××同志；成员××、××、××同志。参加今日会议的还有学校领导班子成员，全体中层干部及教工、学生党员代表。

今日的会议主要有三项议程：

一、校党委书记××同志作开展党的群众路线教育实践活动总结报告；

二、教育厅第一督导组副组长××同志讲话；

三、对学校领导班子及成员进行民主评议。

下面首先请党委书记××同志作总结报告，大家欢迎。

下面进行第二项议程：请教育厅第一督导组副组长×同志讲话，大家欢迎。

……

同志们，刚才××书记对我校教育实践活动进行了全面系统的总结，为我们巩固和深化教育实践活动成果，进一步强化理论武装，树牢根本宗旨，进一步抓实抓好学习、抓实抓好整改落实、抓实抓好作风建设长效化常态化提出了明确要求。

省教育厅督导组副组长××同志对我校在党的群众路线教育实践活动中所做的工作和取得的成果给予了充分肯定，对进一步加强作风建设提出了期望和要求，使我们深受鼓舞和鞭策。期望各级党组织要严格按照学校党委的部署和要求，认真抓好贯彻落实，切实把活动中构成的好的工作作风和工作方法坚持下去，将建立健全的制度有效运转起来，不断巩固和扩大教育实践活动成果，以更高的政治热情、更加振奋的精神状态、更加扎实的工作举措，为推进学校更好更快发展作出新的更大的贡献。

接下来，请大家填好手中的评议表，填好后，投入投票箱。

大会到此结束，多谢大家！

第四节 表态发言

一、表态发言的意义

开会的时候，经常会有参会代表表态发言的环节。表态发言是与会单位和个人对工作报告、会议精神的解读与回应，具有重要的仪式感和目的性。它让会议内容前后呼应、形成闭环，让发言单位进一步明确工作方向、咬定任务目标，让与会人员在听取表态发言的过程中进一步领会会议精神、凝聚共识，促进工作落实。弄清为什么表态，这是在酝酿起草表态发言稿时需要弄清楚的首要问题。明晰了这个目的，表态发言的思路和框架才好搭建。

二、要明确表什么态

会议表态发言的重点是"表态"，也就是代表本单位向上级或与会人员就某项工作、某个问题表明自己的立场和决心。写好表态发言稿，就要明确表什么态的问题。

（一）表明身份

一般在开头介绍表态人身份，让受众知悉你是代表谁、哪个单位发言，并表达感谢上级单位和各兄弟单位的支持、祝贺会议的胜利召开等礼节性意思，特别重要的会议可站在本单位的角度阐述此次会议对本单位、对全系统深入开展某项工作、实现某项目标的重要意义。时间和条件允许的情况下也可简要谈谈参加此次会议的感受与体会，紧接着切入正题。

（二）表明该怎么干

这是表态发言的核心内容，简而言之就是阐明为完成某项工作本单位打算怎么做。重点对本单位如何深入贯彻执行上级安排部署和会议精神，下一步如何推动各项任务目标在本单位的实施，结合本单位现状将采取哪些行之有效的举措等问题进行阐述，让上级看到本单位落实工作快速行动的坚定信心。

这种行动措施要实事求是、切实可行、统筹兼顾。在对具体行动的选取提炼方面，可以按照惯常思路和传统表态法来组织语言，比如"一是思想认识上坚决与省里的要求保持高度一致，二是工作举措上迅速落实省局要求部署，三是组织保障上切实加强领导与考核督查"；也可采取归纳概括法来对举措进行"量化"，比如"坚决做到三个突出""着重抓好四项保障"等。

不论采取何种方式，都要多用大众话语、简短句式，避免使用深奥晦涩的词句，力求语言简洁明快、富有力度和时代气息，读起来朗朗上口，听起来易懂；措施条理清晰、点到即可，不必展开阐述，更不可像作报告似的长篇大论、喧宾夺主。

（三）表明决心

会议表态发言最后一般要就坚决严格执行上级决定、按期保质保量完成工作目标作仪式性的郑重表态与庄严宣誓，用坚定的语气表达坚决完成任务的信心与决心，大方得体的表态结束语将起到推动会议进入高潮的良好效果。比如，"我们坚信，在集团公司的正确领导下，在总部各职能部门的大力支持和各兄弟单位的通力配合下，通过公司全体员工的共同努力，无论再大的困难，我们都一定能够克服，无论时间怎么紧迫，我们也一定会完成签约销售30亿元、利润3亿元的年度指标"。

三、表态发言的技巧

表态发言目的性、针对性很强，需要量体裁衣，也就是要根据不同的受众与场合、不同的实际情况、不同的领导风格、不同的会议要求区别对待、相应准备，确定表态发言的口吻、内容、风格和篇幅。

（一）根据受众、场合来确定口吻

会议表态发言要明晰对象，即向谁表态，面向的受众不同，其发言侧重点、表态口吻、讲话语气都是不尽相同的。例如，同样是总经理作表态发言，在本公司工作会上表态和在上级集团公司工作会上表态，在有上级领导、兄弟单位和员工代表等不同对象参加的场合与没有上级领导、兄弟单位参加的场合，发言口吻自然有所差异。在上级集团公司工作会上表态，是以下级组织的身份向上级组织表态，应阐明将如何贯彻执行上级下达的任务目标和工作指令，一般用真挚的情感、坚定的语气表达出不折不扣落实要求的态度，既要赢得上级的认可，又要争取同级的支持和员工的信服；在本公司工作会上表态，则是以单位负责人身份向全体员工或员工代表表态，阐明如何带领团队达成预期目标，用务实的精神、自信的语调展现出不达目标誓不罢休的决心，让员工看到希望和奔头。

（二）根据实际情况来确定内容

每个单位都有其自身的特殊性，不同单位或部门之间也会因为自身职能职责、业务范围、发展阶段、组织使命等都不一样，需要结合各自实际，站在不同的角度来思考、阐述自身所要发挥的不同作用以及贡献的不同价值。如果是代表职能部门发言，就要侧重从职能部门角度谈如何为基层单位提供专业技术管理支撑，发挥沟通协调服务作用，推动本单位本系统全局目标的实现；如果是代表基层单位发言，就应主要围绕会议确定的年度经营管理目标和重点工作计划，积极回应上级关切，针对性地提出本单位的行动计划。

行文切忌千篇一律、套话空话连篇，要让表态发言具有本单位特色。当然，在发言内容的权衡问题上，无须太过细碎，也不可事无巨细一股脑儿地摊出来讲。对于本单位存在的问题和困难，应当通过会下沟通协调，不宜在会上过度涉及。

（三）根据领导风格来确定风格

领导的思维模式、兴趣喜好、讲话习惯各异，对发言稿的要求千差万别。为了提高文稿起草工作的质量和效率，秘书人员有必要事先跟发言领导做个访谈沟通，向领导汇报你对此次会议表态发言的理解认识和发言稿起草的具体思路，详细听取领导想要表达哪几个方面的意思，结合日常工作中对领导讲话风格、表述方式的了解，列出发言提纲提交领导修订认可后，再铺开起草工作，进而搜集相关素材，深入阐述观点，充实发言内容。

（四）根据会议要求来确定篇幅

考虑到会议时间问题，主办方对发言的时长或发言稿的字数等也会作出相应规定，这就需要严格按照会议主办方的要求来准备和组织语言。表态发言篇幅要少而精，不宜长篇大论。如果发言单位较多，则更应从严从紧控制发言时间。一方面，表态时间过长、内容太多，会让人找不着重点、记不住你说的是什么；另一方面，要兼顾与会各方人员的感受，表态发言若像作工作报告，会让人感觉主次不分，甚至会影响全体与会人员的情绪和会后安排。

表态发言范文

上任表态发言

尊敬的×局长、各位领导：

今天组织上任命我为副局长。

首先，我要衷心感谢局长和各位领导、组织部门对我多年的培养和教育，感谢对我的信任、支持和帮助。

任命我担任这个领导职务，是对我的鼓舞和鞭策，更是对我的一份希望和重托。

坦率地讲，担任局领导职务对于我来说一切都得从头开始，因为工作职责更大了，工作思路更广了，对于这些变化，我都必须从头学习，必须向在座的各位领导虚心地请教，也敬请各位领导多给予我指点和帮助。

在今后的工作中，我坚决服从局党委的决策决议，在思想上、政治上和行动上与局保持高度的一致，同时加强学习，严于律己，恪尽职守，勤奋工作。

我有决心在局党委的领导下，在各位领导的帮助关怀下，坚决完成好各项工作任务，决不辜负各位领导的期望和要求。

再次感谢各位领导。谢谢！

第五节　接待上级单位的汇报材料

一、接待上级单位汇报材料的重要性

常言道：干得好不如说得好。这说起来可能有些不合适，但有的领导工作繁忙，没时间深入基层，也就只能通过听取汇报来评判好坏。

实践中我们就经常遇到这样的情况，如果工作汇报得好，领导听了肯定舒心，本来干的活与平时也差不多，但只是进行了一定的梳理和总结，从比较别致的角度阐述出来，就会产生神来之笔的奇效。同样，如果工作汇报不到位，得不到领导的赏识，下属也会很沮丧，辛辛苦苦做的工作，没有汇报到点子上，讲再多话也是无用功。

有一次，我跟领导下去基层检查工作。到了地方以后，没有直接去会议室，而是先去厂房车间现场实地考察，而后再到基层单位会议室听取汇报。到现场检查的时候，我发现这个单位实际工作抓得很到位，也很细致。生产车间井井有条，各条作业线流程设置高效有序。另外，他们还采用了不少自主研发的新技术、新工艺，生产的自动化和智能化水平很高，环境卫生也搞得很好。跟这家企业的基层职工聊天，发现职工对单位和领导很满意，对未来也抱有信心。可以说，这是一家高新技术企业的模范单位，未来三年就有上市的可能。

但是到会议室听取工作汇报的时候，我拿起材料仔细一看，却发现总结报告写得一塌糊涂，可谓是眉毛胡子一把抓，该体现的亮点没有写到，不该重点写的部分却着墨太多；结构上也混乱不堪，东一榔头西一棒子，一看就是为了应付事，从这个文件上复制一点，从那个文件上粘贴一段，七拼八凑地搞了个"满汉全席"，读来味同嚼蜡。

如果光看材料的话，我可能会觉得这个单位的工作抓得一塌糊涂，工作态度存在严重的问题。设想一下，如果大领导事先没有亲自下去检查，没有亲自到现场去看，只是看汇报材料，那么这家单位干的工作和作出的成绩就会被抹杀了。由此可见，写好汇报材料有多重要。

接待上级单位是我们工作中的家常便饭，我们除了要把接待服务工作做好，更要把汇报做得精彩纷呈，获得上级的认可，这样才有可能为单位争取更多的发展机会。

二、接待上级单位汇报材料的写作技巧

（一）善于说出困难

表达出自己工作中的困难，这不是为了博得上级的同情和怜悯而耍的手段，而是用工作的不容易来反映成绩的不平凡。阐述和列举工作面临的挑战和考验，最好是从外部到内部、从客观到主观、从历史到现在等多角度全方位展现。比如，每年的政府工作报告，用这种方法就用得很巧妙。从国内外面临的挑战入手，充分展示我们的各项成果都是顶着巨大的困难和压力完成的，来之不易。

（二）抓特色亮点

我们要找工作中个性鲜明的、有别于其他工作的特质和特征，用鲜活生动的语言提炼概括出来，可以寓情于景讲几个生动的故事，让人一听就能有印象。有时候领导下来视察，往往记住的就是汇报稿中那些有个性、有特点的几句话。所以我们在这个方面不能偷懒，要潜下心来认真提炼总结，力争把最有代表性的特点归纳出来，那样会收到意想不到的效果。领导视察调研很频繁，其实走完一个个单位，最终也就能记住一两个最突出的特点，比如有的单位管理模式特别新颖，包装出很多新概念；有的单位效益很突出，降本增效、提质增效方面抓得很到位；有的单位具有奋斗精

神，能讲出一个个无私奉献、艰苦奋斗的生动故事。

（三）系统梳理成果

核心就是要系统梳理总结工作的成效和成果，在这方面也有些表达的小技巧。比如，用进步幅度来表达，就是要多用对比的方法来展示工作成绩，同比增长多少、翻了几番等。又如，用工作量来表达，就是要分类列举一些数据，让人感觉到这项工作确实做得很扎实很细致。再比如，用问题解决来表达，就是要通过列举解决关乎全局的重点问题、多年遗留的瓶颈问题、群众反映的热点问题等，来反映工作的含金量。还有的是把工作模式上升到方法论，归纳出一套自己的逻辑范式，显得很高大上。

接待上级单位的汇报材料范文

某县第一中学接待领导调研的汇报材料

尊敬的各位领导：

首先，我代表某县第一中学全体师生热烈欢迎各位领导来我校检查指导工作。下面，就将我校工作开展的情况向各位作如下汇报：

某县第一中学，创建于1956年，2017年8月以前是一所初高中混合办学的中学。为了促进教育资源均衡发展，2017年8月，县委、县政府决定，第一中学实行初高中分离办学，北校区（初中部）保留原有校名——第一中学；南校区（高中部）命名为××县第四高级中学。

第一中学现有教学班27个，学生1283名。学校在秉承原第一中学光荣传统的基础上，积极推进教育教学改革与实践，强化学校管理，完善健全学校管理制度，用制度去管理人，让管理更加民主、科学，保证了学校各项工作规范、有序开展。

设施建设：学校占地面积41亩，校舍建筑面积18308平方米。2017年1月27日，国家投资1496万元，新建6882平方米教学楼一幢，现在已经投入使用，彻底改变了我校旧貌。在今后建设中，有望借助"薄改"项目，加快学校发展。学校规划将建设300米跑道的标准操场，标准篮球场和排球场，理化生实验室5个、多媒体教室2个、语音室1个、计算机教室2个、电子备课室2个、配备微机200余台。各教室配备多媒体投影等现代化教学设备，建成多媒体双向教学系统，建设宽带数字化校园网络，逐步实现教学、办公信息化、现代化。

办学特色：学校始终坚持"面向全体学生，优化教育过程，培养素质特长，促进全面发展"的教育原则，把"求知、创新、发展"作为学生培养目标，逐步形成了以"面向全体，分层教学，培优补差，人人成才"为主要特色的教学模式，秉持"明德、砺学、笃行、至善"的校训和"严谨施教，博学创新"的校风，促使优等生更加优秀，不同层次、不同类别的学生都得到转化、提高和发展。

师资队伍：学校拥有专任教师107人，其中高级教师10人、占教师总数的10%，中学一级教师34人、占32%；拥有本科学历的教师79人，大专学历的26人，学历达标率100%。第一中学师资力量雄厚，教师队伍学历层次高，政治素质好，业务素质硬，师德高尚，结构合理。近年来，学校涌现出了大批爱岗敬业、无私奉献的先进教师，如市级优秀教师钱××同志，县级优秀班主任杨×同志、王××同志，优秀共产党员王××同志，县级优秀德育工作者张××同志、黄××同志；县级优秀教师段××同志、王×同志、孟××同志、薛××同志等。

取得成绩：近两年我校教育教学质量平稳上升，全校学洋思、学西峡、学杜郎口，改变教学理念，积极创新思维，抓教研、促教改，全体教师积极投身于教研教改，取得了可喜的成绩。2017年中考升入高中279人，比上年净增36人，录取率为76.4%，比上年提高11.3个百分点。进入全县前百名的有10人，比上年多7人；达到县一中录取线的有135人，比上年净增70人。2017年中考再创佳绩：321人考入高中，比上年增加42人，录取率为89.9%，比上年提高13.5个百分点；达到县一中录取线的154人，比去年增加19人。

2017年度，我校被市委市政府评为市级先进集体。

存在的问题：我们虽然在工作中取得了一些成绩，但与上级的要求、家长的期望还有一定的距离。一是校园环境有待进一步改善；二是教师素质还有待于进一步提高；三是管理机制还有待于进一步完善；四是学校负债128万元，恳请上级领导协调解决；五是2017年冬季全校师生取暖问题亟待解决。

未来展望：传承创新，务实前行。第一中学将继续以精致管理为抓手，紧紧抓住质量这根主线不放松，突出学校的内涵发展和文化建设，总结学校建校以来的先进做法，弘扬优秀教师的典型事迹，将我校建成全县一流的农村学校。凝练实践的智慧，走向智慧的实践，将是我们不懈的追求。

第六节　简　报

一、简报是什么

简报是传递某方面信息的简短的内部小报，具有汇报性、交流性和指导性。简报又称动态、简讯、要情、摘报、工作通讯、情况反映、情况交流、内部参考。

二、简报的特点

（一）简短精练

简报一般短小精练，内容相对较少，甚至一期只登一篇文章，让读者在很短的时间内就能读完。

（二）专业性强

简报一般是围绕某些专项工作向领导定期报送信息，如财务工作简报、纪检工作简报、党建工作简报等，具有很强的针对性、专业性和时效性。

（三）传阅范围有限

简报是仅限于内部交流的内参性文件，不公开传播与发布，大部分简报通常是呈交给某一级领导人看的，有一定的保密要求，不能任意扩大阅读范围。

三、简报的写作方法

简报的种类繁多，写作格式也各有不同，但一般都由报头、主体、报尾三部分组成。

(一) 报头

报头包括简报名称、期号、编发单位、发行日期和保密等级。

1. 简报名称

简报名称通常印在简报第一页上方的正中处，字号较大，常常采用套红印刷，比较醒目。

2. 期号

简报期号一般按年度依次排列，位于简报名称的正下方，有的还可以标出简报的总期号。简报中如有"增刊"的期号，要单独编排，不能与"正刊"期号混编。

3. 编发单位

编发单位位于期号的左下方，要标明全称。

4. 发行日期

发行日期位于期号的右下方，以领导签发日期为准。

5. 保密等级

有保密需要的简报应根据需要标明密级，这部分位于简报名称的左上方，常用的语句为"内部参阅""秘密""机密""绝密"等。

(二) 主体

简报的主体由标题和正文组成。

1. 标题

简报的标题与新闻报道的标题类似，不仅要能概括出正文的基本内容，还应力求醒目，要直言其事，标题可以设主标题与副标题。

2. 正文

简报的正文由导语和主体组成。

（1）导语。导语是用一段话概括描述简报的基本内容，文字要力求简明，给读者留下鲜明的印象。

（2）主体。主体是正文的核心，通常有以下三种写法：

一是按照时间顺序，介绍工作开展情况或介绍一些重点情况。

二是按照事项分类，同一类的事项合并同类项，分组描述。

三是按照逻辑关系，根据事情的起因、经过、现状和产生的影响来展开描述和分析。

（三）报尾

报尾部分一般由简报的报、送、发单位构成。报，指简报呈报的上级单位；送，指简报送往的同级单位或不相隶属的单位；发，指简报发放的下级单位。

四、简报的注意事项

（一）真实可靠

凡是写入简报的情况与数据，必须反复核实，确保真实可靠。简报中写到的人物、事件、时间、地点、数据等，不能凭道听途说的材料撰写，更不能无中生有、弄虚作假。

（二）分析客观

简报的分析评价要客观理性。简报要用事实说话，但有时也会有对数据的分析、对问题的分析、对趋势的预测等，这些分析应当客观、中肯，实事求是，恰如其分。

（三）简明扼要

简报的行文要简明扼要，语言简洁精当。简报是简要的报道。无论是反映一种情况、一个意见、一件事情、一条建议、一个经验，都要求内容集中，开门见山，简明扼要。语言文字也要简洁，干净利落，不拖泥带水。

简报范文

× 工作简报
第3期
（×年×月）
项目经理部召开部门例会

×工作领导小组办公室编　　　　　　　　　　×年×月×日

20×年7月22日项目经理部召开本周例会，首先由×经理传达公司本周例会主要资料，之后由各项目负责人汇报在建、跟踪项目情况，最终制订部门下周重点工作计划。

会议要求：

一、部门职员针对公司今后发展方向及运行管理提出好的提议，本周三前上交部门。

二、针对部门职员提出的提议，项目经理制定初稿，要求部门职员相互交流、讨论此稿，并提出补充提议。

三、视频会议系统升级改造按照项目组制订项目结算计划，分析项目结算可能存在的风险，并提出应对办法，做好项目结算工作，保证项目和公司利益最大化。

四、监控项目组要严抓现场施工管理，在施工质量、施工安全、文明施工、成本控制等方面必须要严格执行公司项目管理制度；按照项目实施节点计划，合理安排项目实施进度，争取缩短工期，提高项目效益。

五、各在建项目的项目经理应统管项目的安全施工与文明施工，进场施工人员要安全教育合格方可进场作业施工，认真落实施工现场安全检查工作，做到提前发现隐患、及时解决安全隐患，保证项目安全实施。项目管理人员及施工人员应统一着工装，做好项目实施的安全施工工作。

　　六、部门职员应严格遵守公司劳动纪律和各项规章制度，遵守公司考勤制度，严格执行人员动态管理制度。

第七节　新闻信息稿

一、新闻信息稿是什么

新闻信息稿是在本单位或外部媒体上发布的重要活动情况、工作成绩、工作动态的图文并茂的稿件。通常来说，大一些的单位都会有自己的内网或是官方网站，上面会随时更新刊发领导的重要活动情况、本体系内各级单位取得的突出成绩、重要工作的进展情况等。新闻宣传的主要任务，就是宣传好本地本部门工作的各项成果，以此在更加广泛的领域树立起一个地方、单位、部门的外在形象。一般新闻信息稿分为内宣和外宣两种，外宣的新闻稿是向外界展现形象、宣传自己，内宣的新闻稿则是为了交流互动、增进了解。

二、新闻信息稿的特点

（一）图文并茂

为了增强可读性、展现力和代入感，新闻信息稿通常是图文并茂的，重要活动的新闻稿，甚至会配上视频。很多人阅读新闻稿时，基本上只看标题、图片和少量文字，所以多媒体的综合展现方式，是新闻信息稿的突出特点。

（二）时效性强

新闻信息稿具有很强的时效性，发的太晚就不能称作是新闻了，很多单位都会对新闻信息稿的刊发时限作出要求。

（三）语言简练

由于新闻信息稿是图文并茂的，阅读者并不会花大量的时间、精力去阅读文字，所以文字要简明扼要，不必过度阐述细节，不能长篇赘述。

三、新闻信息稿的写作方法

（一）标题

体制内新闻信息稿的标题不像报刊以及新媒体那么追求通过"标题党"来吸引眼球，而是采用简洁直观的表现形式，如《×主持推动长三角一体化发展领导小组会议并讲话》《第三届中国国际进口博览会开幕式成功在沪举办》等。

（二）导语

导语实际上就是新闻由头，用来提示消息的重要事实，使读者一目了然。导语是消息的开头，是消息中最有价值的部分。在新闻信息稿中，导语的常用写作方法有叙述式和以点带面式两种。

1. **叙述式导语**

直截了当地用客观事实说话，通过摘要或概括的方法，简明扼要地反映出新闻中最重要、最新鲜的事实，给读者一个总的印象，以促其阅读全文。比如，×年×月×日，×单位在京成功举办国际化人才培训班，×单位分管国际业务的负责人及相关人员共×人参加培训。

2. **以点带面式导语**

以点带面，顾名思义，就是对新闻中所报道的主要事实或者事实的某个有意义的侧面，作简练而有特色的描写，向读者刻画一个形象生动的"事件"，一般用在开头部分，以吸引读者，增强新闻的感染力。

（三）主体

新闻信息稿的主体是集中叙述事件、阐发问题和表明观点的中心部分，是全篇的关键所在。新闻信息稿的主体有六个要素，即五个"W"和一个"H"：Who（何人）、What（何事）、When（何时）、Where

（何地）、Why（何故）、How（如何），也就是时间、地点、人物、事件的起因、经过、结果。

正文中不要把所有的内容杂糅在一个自然段中，这样会增加读者寻找信息的困难，更好的做法是一个要点就一个段落中说明，每个段落不必很长。在新闻信息稿的撰写中，不应出现主观性的描述词，也不要有太多没用的赘词。

（四）结尾

新闻信息稿不一定需要一段非常正式的结尾，因为主要内容之前读者都已经看过了，可以以事件的结果、数据或未来走向作为结尾内容。

结尾处一般会设置结语或背景。结语一般是指消息的最后一句或一段话，更多的是对下一步工作的期望，它依内容的需要，可有可无。

此外，如果有一些特殊事件，可以在结尾处科普事件的背景，让读者有延伸阅读、更进一步了解的兴趣。

四、新闻信息稿的常用写作逻辑

（一）倒金字塔

"倒金字塔"式源于美国，这种格式迎合了受众的接受心理，基本格式是：先在导语中写一个新闻事件中最有新闻价值的部分，新闻价值通俗来讲就是新闻中那些最突出、最新奇、最能吸引受众的部分。比如一场球赛刚刚结束，读者最想知道的是结果，就先从这里写起。其次，在报道主体中按照事件各个要素的重要程度，依次递减写下来，最后面的是最不重要的。同时我们要注意，一个段落只写一个事件要素，不能一段到底。因为这种格式不是符合事件发展的基本时间顺序，所以在写作时要尽量从受众的角度出发来构思，按受众对事件重要程度的认识来安排事件要素。

（二）新华体

另一种是中外结合的"新华体"。传统的新闻报道一般是遵循时间顺序，但是这种"讲故事"的写法已经不适合受众的阅读习惯，一般人没有时间听你讲长篇大论，所以"新华体"在吸收中外新闻报道特征的情况下诞生了。

"新华体"基本格式是首先把事件中最重要的部分在导语中简明地体现出来。其次，在第二段中进一步具体阐述导语中的这个重要部分，形成支持，不至于使受众在接受时形成心理落差。因而，第二段实际上是一个过渡性段落。再次，按照事件发展的时间顺序把"故事"讲下来。

"新华体"的特点是消息简洁，文字精练、准确，篇幅短小，善于用事实解释事实，很少空发议论；层次清晰，尽量做到一个事实一个自然段，消息中段落过渡自然；善于抓大问题、关键性问题，重大事件的报道多有令人耳目一新的角度，主题开掘深刻。

新闻信息稿范文

科技部部长王志刚会见俄罗斯驻华大使杰尼索夫

2021年5月21日，科技部部长王志刚在京会见俄罗斯驻华大使安德烈·杰尼索夫。双方积极评价中俄关系及中俄科技创新合作的发展，并就共同推动实施中俄科技创新年及下一步深化合作等议题深入交换意见并达成广泛共识。

王志刚部长指出，在习近平主席和普京总统的战略引导下，中俄新时代全面战略协作伙伴关系持续保持高水平运行。今年是中国共产党成立100周年，也是《中俄睦邻友好合作条约》签署20周年。中方愿以此为契机，在更大范围、更广领域、更深层次上推进中俄科技创新合作。

王志刚部长表示，科技创新合作是中俄新时代全面战略协作伙伴关系的重要组成部分，两国元首对此寄予殷切期望。在双方共同努力下，中俄科技创新合作在合作机制、务实项目、平台建设等方面取得丰硕成果。双方共同克服疫情影响，推动中俄两国元首确定的2020—2021年中俄科技创新年取得积极进展。为深化中俄科技创新合作，王志刚部长建议，充分发挥中俄在科技创新领域优势互补特点，完善科技创新合作格局，推动形成大国科技创新合作典范，密切中俄在多边机制下的协作，为全球科技创新治理发挥积极作用。

杰尼索夫大使积极回应王志刚部长的观点和建议，并高度评价中国在科技创新方面取得的瞩目成就，表示将继续全力推动双方科技创新领域务实合作。

科技部国际合作司司长叶冬柏、基础司司长叶玉江、中国国际人才交流中心副主任夏兵等参加会见。

第五章

公文写作的心得技巧

掌握了公文写作的基本知识，想要把公文写好还是远远不够的，公文写作的技巧很多、门道很深，本章从公文写作实践中获得的心得出发，从动笔前的准备、写作步骤、积累素材、逻辑法则等方面讲解公文写作的技巧和诀窍。

第一节　动笔之前要做好运筹帷幄

一、做好调研的重要性

革命靠"枪杆子"和"笔杆子",我们写公文是为了建言献策、部署工作、落实任务,最终都落脚在具体的事上。公文最重要的就是要有思想、有内涵。俗话说:"世事洞明皆学问,人情练达即文章。"在开始写文章前,最重要的就是把工作的情况搞清楚,把存在的问题搞明白,把领导的意图理解透。

无论是写什么类型的公文,提笔之前都要给自己来个连环三问:一是为什么写,二是要解决什么问题,三是怎么解决。

很多年前,我们单位要投资搞一个项目,处长让我写个关于项目立项建议的签报,重点写一下项目大致情况及投资方式。这个项目能够享受当地的税收优惠政策,所以投资方式和普通项目不太一样。当时比较紧急,我就去找财务处负责税务的同事了解了一下情况。那位同事告诉了我项目投资的资金方案建议。由于我属于业务部门,平时财务专业知识积累不多,所以就把财务处那位同事的建议原原本本地写在签报上交给处长了。处长看了后,针对资金拨付的方案连问了我好几个问题。这时候我才发现自己根本没搞清楚。后来我们处长又带着我亲自去和财务处沟通,经过一下午的讨论,才把资金拨付的事搞明白。最后,我们在签报上写了三种资金拨付方案,逐一分析了利弊,向大领导建议选择其中一种。经过这件事之后,我以后在写公文前,都会认真地调研,让自己的思路清晰,这样下起笔来才能够从容不迫。

调查研究是谋事之基、成事之道,是了解情况的过程,是推动工作的过程,也是科学决策的过程。研究问题、制定政策、推进工作,刻舟求剑不行，闭门造车不行，异想天开更不行。

一篇好的文章，只有事前充分调查研究，才能运筹帷幄，决胜千里。

二、掌握科学的调研方法

通常来讲，调研常用的方法包括：实地观察法、访谈调查法、会议调查法、问卷调查法、专家调查法、抽样调查法、典型调查法、统计调查法、文献调查法。其中写材料最常用的是实地观察法、访谈调查法、会议调查法、统计调查法和文献调查法这五种方法。

（一）实地调查法

实地调查，这个功夫要下在平时，有的朋友跟着领导出差到一个地方调研时，只顾一路看风景，服务领导或是吃饭，回到单位，仔细回想调研时的业务细节，什么都没记住，这样岂不白走一遭。每次实地调研，都是一次宝贵的了解基层情况、熟悉一线业务的机会，一定要好好把握。我每次调研，都会提前准备一份提纲，上面列出了这次需要了解的问题，包括哪些问题可以在开会的时候问，哪些问题可能需要在私下的场合问。

只有把情况了解清楚了，写材料的时候才能有的放矢。说实话，现在很多决策，看起来写得挺漂亮，却难以落地，不好执行，为什么呢？深究起来，就是起草政策的人没有深入了解实情，在办公室里闭门造车，领导也稀里糊涂拍了板，这样搞出来的面子政策，怎么可能有针对性地解决问题呢？

（二）访谈调查法

访谈调研也很关键，并且很讲究艺术，写材料难免要向别人了解情况，向谁了解，怎么了解，用什么技巧，都很关键。在写综合性材料的时候，经常需要向其他部门或下属单位收集材料。但凡涉及跨部门沟通，就一定要多动脑，多费心，在沟通的技巧与方式上多下功夫。体制内，报告文件多如牛毛，每次你向别人要数据、要材料，别人可能都要辛苦很久，所以如果沟通不讲究艺术，很可能会被人背后指摘。

有一次，一位同事中午接到上级单位紧急通知，当天下班前要报送扶贫工作统计表，于是就赶紧给各下属单位布置。结果到了下午四点半，各个单位把报表报过来了，这位同事突然接到上级单位临时通知，中午发的通知报表模板里漏了几项，又重新发来一套新报表，要求晚上八点前反馈。我这位同事差点当场晕倒，硬着头皮又把工作布置了一遍，不用说，下面的单位自然也是怨声载道。

这种情况想必工作中都会碰到，一项工作的部署，牵扯面很广，涉及的人也很多，所以在行动之前，一定要做好充足的谋划，搞清楚该怎么办，如果稀里糊涂地就把工作布置了，通知发完才意识到有不到之处，这时候就很尴尬了。

（三）会议调查法

会议调查法经常用于写一些大型材料，比如政府工作报告、中长期规划，会在材料准备过程中开很多研讨会，召集各领域分管负责人和专家学者集思广益，讨论报告的内容。

要召集一个写材料的研讨会，必须选择好人员，分好工。大型材料，最容易在职责分工上出问题。有些议题不太清楚应该分给哪个部门，一定要事先商量沟通，无法达成一致的，就提前请大领导拍板。别到了会上，一堆人为了材料分工而闹矛盾。再一个，选员工也很关键，有的单位不重视，安排个不懂的人参加，来了也等于白来。

（四）统计调查法

统计调查法是最常用的，写材料时，常常会用到数据，涉及数据的，有些是有现成的资料，还有一些是临时要用的，需要抓紧发通知让其他部门或下级单位报送。不论你是在什么样的单位工作，相信都有数据统计、汇总的工作经历。这方面的工作也很考验人，遇到一些特别紧急的情况，比如新冠疫情期间抓复工复产的时候，我们经常需要在1个小时内统计汇总完上百家单位的感染、疑似、复工情况。数据的统计、汇总、分析是个苦活，而且很容易出错，但是也是不可或缺的一项必备技能。

（五）文献调查法

文献调查法，这里的文献，不是写论文的那种文献。体制内写材料，要求有很强的严谨性，决不允许出现概念和理论上的混淆或错误。写材料但凡涉及一些理论、概念、法律、法规和政策，都需要查阅文献资料。

有一次开大会，领导在台上念稿布置工作，写材料的人不太认真，引经据典结果还引用错了。原本是"绿水青山就是金山银山"，这人写成了"青山绿水就是银山金山"，两个词都调换了位置，明显给人一种不专业、不认真的感觉。台上那位领导也一字一句地念了出来，刚念出口，领导顿了一下，又赶紧改了口，还好领导脑子机灵，不然就闹笑话了。可见，该查的资料一定要认真查。

归根结底，就是要大家平时有根弦，要多了解实际情况，掌握一些沟通技巧。工作中，干什么事都应该未雨绸缪，不要临渴掘井，写公文亦是如此。

第二节　公文写作的基本步骤

公文的起草，大体可分为接受任务、领会意图、确立主题、搭建框架、填充内容、后期润色六个阶段。做好这六个方面的工作，写出一篇好文章就不难。

一、接受任务

接受任务是公文写作的第一步，或是接到上级单位来的通知，或是接到领导交办的任务。实际上，每年的公文任务，是有规律可循的。总结起来无非两种：周期性文章和随机性文章。

周期性文章是每隔固定时段必然要开展的工作，比如每年都要召开地方性大会，这些"大事"伴生的文章是可以预见的，或是每年定期要报送的专项工作总结报告。随机性文章，是根据工作需要，临时需要写的文章。

接受任务的方式也可以分为主动接受和被动接受。如果要从容应对各种写作任务，就必须对周期性的文章提前做好谋划，不能等着上级单位和领导派活儿才开始干，不能等着方案下来才考虑。这方面，不妨搞一张"工作任务表"，让自己知道每年要干什么，早思考、早谋划、早部署、早动手。

对于临时性的材料，看似没有章法，其实也有一定的规律可循，比如某位领导经常要的临时性材料，写多了就知道领导关注的角度、习惯的逻辑以及欣赏的行文风格，平时要想领导之所想，提前储备信息和情报。对于上级单位要的临时性材料，可以加强与本业务条线主管部门的沟通，不要等红头文件批到眼前了才知道有这项工作，要在平时的沟通中提前掌握上级单位的工作方向、可能部署的重点任务，提前做好准备，以备不时之需，以不变应万变。

二、领会意图

领会意图，是材料写得能否让上级单位或领导满意的关键。接到写作任务后，领导有明确指示好办，领导没有指示怎么办？那就要学会揣摩领导的意图。写材料的过程，要在心里转换三次角色。

首先，要把自己摆在领导的位置上，思考这项工作应该怎么干，话应该怎么说。

然后，要把自己摆在收文对象，也就是读者的位置上，设身处地地琢磨读者想看或是应该看什么，怎么样才能把工作说清楚，部署明白，让收文单位看了之后一目了然，知道该怎么办。

最后，要把领导摆在自己的位置上，假定领导自己写，这篇文章会怎么构思，会怎么写。如果拿不准，一定要事先和领导沟通思路，达成共识，免得到时候不符合领导心意被推倒重来。经过这个过程，起草者一般就会和领导心有灵犀，能真正领会到领导的意图。

三、确立主题

起草好一篇文章，先要立好题。特别是写一些没有提纲、相对发散的综合性材料或是讲话稿，起草前必须树立问题导向，善于找准主要问题，特别是善于抓住主要矛盾和矛盾的主要方面。为什么有的领导讲话能够引起广泛而又强烈的反响，就在于这些讲话都具有鲜明的问题导向，抓住了矛盾的主要因素，说出来的话接地气，让人有认同感，并且提出了鲜明的解决问题的思路和举措。把主要矛盾抓住了，把主要问题找准了，讲话的主旨、文章的题目自然就出来了。

四、搭建框架

确立了写作主题，下一步就要开始动手写材料了，写材料首先要搭建框架。写文章要避免匆忙动笔，在内容没有悟透、结构没有理顺的情况下不要冒昧去写；也要避免堆砌材料，从网上下载大量资料，东抄西摘，拼拼凑凑，看起来满篇好话，实际上不知所云；还要避免面面俱到，什么都想写，结果什么都写不透。所以，在动笔前要舍得花时间和精力去琢磨框架、拟定提纲、理顺逻辑、提炼观点。搭建框架的过程，是逻辑思考的过程，框架搭建好了，再往各个模块中去填充内容，写起来就会十分轻松。

在长篇材料写作时，文章框架尤为重要，框架搭得乱，内容写得再好也会黯然失色。辛辛苦苦写完的材料，最怕就是结构被调整，如果结构被大幅度调整，说明整篇材料写得很失败；相反，如果只是在修辞表述上略微修改，整体框架没有调整，就证明这是一篇较为成功的文章。

五、填充内容

拟定好框架之后，下一步便是填充内容。如果说框架是文章的骨骼，内容就是文章的血肉。文章具体内容的撰写，最考验起草者的内功，在既定的框架下，如何选用素材、组合案例、阐述观点，既是学问也是艺术。

填充内容，如果写的是自己熟悉的内容，或许可以洋洋洒洒地信手拈来，但实际上我们经常要写一些不那么熟悉的材料，这时候就要学会参考借鉴了。模仿他人写作，要学会把好东西内化于心、外化于行。说白了，也就是把那些好东西变成自己的，变成我们随时可以用的。

但有的人是大段大段地生搬硬套，甚至把别人的单位名和人名都原封不动地给照搬过来。

有一次我一个朋友发一个关于举办摄影大赛的通知，这个活动是单位工会每年都组织的，每年的通知也基本都差不多。所以，他就把上年的通知原封不动地给拿了过来，甚至连要求投稿报名的截止日期都没有变，写成了旧日期。

类似的例子，我相信大家可能都遇到过。

假如写材料时碰到一个不熟悉的话题，首先我会到网上去搜罗一下，看看有没有类似主题的文章和别人写过的类似的材料，先都看一遍，看看别人的材料里都有什么核心观点和主要内容。

新建一个空白的文档，把每一篇材料中我想借鉴的段落先复制过来。然后，再在这篇空白的文档上对着我复制过来的这些文字再看几遍，理一下自己的思路，看能不能理出个结构出来。如果可以，就大体形成文章的结构，然后再把复制过来的内容，分门别类地先装到每一个段落中去。再结合一下本单位的一些实际情况，比如说一些实际的案例、数据，把这些填充到文章当中。

这样一来，一篇稿子大概也就形成了，算是有了大致的框架和血肉。如果对这篇稿子要求高，要精雕细琢的话，我一般还会到网上专门留心搜一下关于这个主题和这个领域的一些金词金句，再把这些金词金句见缝插针地插入到我的文章当中去。只有不断地学习前人的经验，不断总结其他材料的好词好句，积累大量高大上的素材，才能以后自己写材料时信手拈来，有水平，不说外行话。

在更高的层面上，要学习他人文章的思想立意。文章深度够不够，就是要看站在何种角度上进行论述。学习一篇好文章主要学什么？主要是学别人怎么写，如何围绕这个点去写，是面面俱到还是有的放矢。借鉴的过程中，不仅要仿写，更要举一反三，写自身的内容、有特色的内容、接地气的内容，长此以往，文章一定能越写越好。

六、后期润色

好文章是改出来的。大凡文章写得好的人，都在修改上下过功夫。老舍先生说过"文章不厌百回改"。修改文章要围绕主旨、观点、结构、体式、材料、语言等方面考虑。

后期润色，我们首先要着眼全篇，从宏观上去把握，看文章中心是否明确，看所选材料是否紧扣中心。然后再考虑文章整体框架方面，看文章结构是否紧凑，布局详略是否合理，过渡性内容是否自然。只有从全篇入手进行修改，才能统观全局，从大的背景上权衡得失。

整体修改完后，我们就要从小处着手，细致检查。一般来说，应特别注意以下几点：一是检查标题是否恰当，看看是否可以换成更好的标题。二是检查是否存在一些低级错误，如错别字和错误的标点。三是文章格式是否符合公文规范。四是是否有语病。五是详略是否得当，特别是要做好"加减法"。对重要观点和富有新意的内容，要拿出来多讲几句，使之更为突出鲜明；对那些杂乱的内容，要舍得割爱，大刀阔斧地删减，让人一眼就可以看到重点、亮点。

好文章一半在起草，一半在修改。正如叶圣陶先生所说：写完了，从头至尾看一遍，马上自己审核，自己修改，这是一种好习惯。写完了，站在读者的地位，把自己的文章念一遍，看它是不是念起来上口，听起来顺耳。这样做是从群众观点审核自己的文章，也是一种好习惯。

第三节　如何建立自己的公文写作弹药库

一、为什么要建立公文写作弹药库

工欲善其事，必先利其器。刚开始，每当工作中接触到一个新话题要写，构思的时候总是会抓耳挠腮，不知从何切入。经过观察，我发现每个优秀的写手都有自己的弹药库，平时遇到与工作相关或是文笔很好、能够启发思考的文章或句子，就会把它收藏起来，闲下来的时候，拿出来品一品。这样长此以往，你的就变成了我的，当写作涉及相关的内容时，大脑就像搜索引擎一样，弹药库里的藏货立刻自己就跳了出来。

可能很多人对"抄"这个字比较忌讳，单纯的抄肯定是不行的，而是需要在消化吸收的基础上学习、借鉴。著名的诗句"天若有情天亦老，人间正道是沧桑"，其实这句诗就是"抄"的，从哪"抄"的呢？正是宋代诗人石曼卿的"天若有情天亦老，月如无恨月长圆"，而石曼卿这两句又是从唐代诗人李贺的"衰兰送客咸阳道，天若有情天亦老"借鉴来的。同样一句话，经过两次转手，两次嫁接，却分别在不同意境下发挥出独特的效果。

二、建立弹药库的五种渠道

体制内的老司机一般怎么打造自己的弹药库呢？下面我分享五种渠道和四类内容。

（一）单位内网

单位内网是收集素材的首要渠道，内网上有系统内各单位的工作动态、新闻简报、领导会晤、讲话稿以及一些专题活动的报道等。许多业务的信息都能从单位内网找到，而且内网的信息比较贴近实际，把涉及自身工作的内网新闻保存起来，写文章时如果需要用到相应的案例，就可以快速成稿。

（二）办公系统

体制内各业务条线都有办公系统，像OA、内网、财务系统、法律系统、经营管理系统等，这些系统内具有丰富的业务信息。OA系统里有许多收文，主要是上级单位或系统内其他单位的发文，还能查询到一项工作曾经发过的文章，这些文章对我们平时写文章十分有参考意义。其他的一些业务系统，主要是调用数据，我们可以定期进这些系统，把一些常用的数据保存下来，这样的话，遇到临时要用的时候，就不用再手忙脚乱地上各类系统查找。

（三）搜索引擎

一些通用型的公文，利用搜索引擎搜索一下，就能找到很多类似的文章。

（四）专业数据库

有的单位由于业务需要，会给员工购买一些专业数据库，或是一些特定行业的数据库。如果公文的内容涉及一些行业分析或是宏观数据，这些专业数据库一定能发挥很大作用。

（五）党政官媒

党政官媒，比如新华网、人民网、学习强国、国务院、各部委、各级政府部门网站上，都能够找到最新的政策、精神、思想。我们写公文的时候，如果要写一些工作依据、党中央最新要求，这些网站上的内容很有参考意义。

三、弹药库的四类内容

（一）思想与观点

有思想、有内涵，是写出好文章的前提，而要做到这一点，需要平时的日积月累，在工作中、生活中不断思考、不断体悟。思想与观点的积累，除了通过看别人的文章，更重要的是学习"无字之书"。假如身边有水平比较高的领导，就要注意多观察，看他平时怎么待人接物、怎么讲话做事，面对问题，他是如何看待问题、分析问题、解决问题的。

如果搭建起思想的资料宝库，在关键时候能用上一个观点、一个事例、一句话，就实现它的价值了，能够使你的公文实现思想飞跃。

（二）案例与数据

写文章时，当需要用到案例与数据时，你可以去内网搜索、可以问相关单位的同事要材料，不过更重要的是平时工作中遇到事情要多调研、多了解，把一些有典型价值的故事和关键的数据刻意地保存下来。很多客观情况的分析，都需要用到定量的数据或具体的实例来佐证。

我们单位的领导就有这么一个习惯，但凡材料中提到某项工作存在的问题，纸面上可以写得很笼统，以面概点，但背后必须要有数据和事实作为支撑，不能凭空分析问题。分析问题时有理有据，这样长期坚持下来，不光是写文章，对工作能力的全面提升也很有好处。

（三）优秀的公文

多看优秀的公文，能够耳濡目染地汲取精华，让你站在巨人的肩膀上前进。从好的公文中学习行文逻辑、框架结构、思想内涵和表达方式，看得多了，自然而然自己也就学会的。

优秀的公文只能借鉴，切忌简单复制粘贴。这方面，不留神就容易栽跟头。2019年5月6日，中央第二生态环境保护督察组在向某省反馈"回头看"及专项督察情况时指出,在某市的整改方案中,多处赫然出现了对其他地市提出的整改要求,"明显照抄省级整改方案,工作极不严肃"。网上随手一搜,文件材料、领导讲话、宣传标语等照搬照抄的情况并不是只存在一地一城。某市的文明宣传标语,开头第一句话竟是"爱国爱家,爱我长沙";某市的一个宣传栏上写上了"人文宝鸡,活力宝鸡,和谐宝鸡";某省委检查组曾抽查下面某市28名新提任领导干部撰写的任前廉政对照检查材料,发现5名干部的检查材料全部抄袭自网络。

(四)金词金句

每个时代,写文章都有一些让人眼前一亮的词句,看了之后感觉耳目一新,意思又恰到好处。现在公文流行短小精悍,通俗易懂,用语贴近生活,很多金句金词都是源于生活场景的比喻。

比如,党员领导干部要学会"弹钢琴",弹钢琴要十个指头都有动作,不能有的动,有的不动。但是,十个指头同时都按下去,那也不成调子。要产生好的音乐,十个指头的动作要有节奏,要互相配合。党委要抓紧中心工作,又要围绕中心工作同时开展其他方面的工作。我们现在管的方面很多,各地、各军、各部门的工作,都要照顾到,不能只注意一部分问题而把别的丢掉。凡是有问题的地方都要点一下,这个方法我们一定要学会。钢琴有人弹得好,有人弹得不好,这两种人弹出来的调子差别很大。党委的同志必须学好"弹钢琴"。

这个"弹钢琴"的说法,至今还经常被人提起,以生活中常见的情况来比喻党内工作的特点,显得既生动又形象,让人印象深刻。

收集和整理各种素材,本身就是一个消化吸收的学习过程,同时可以让你的公文写作能力借梯上楼,实现快速提升,从而能够举一反三、触类旁通、渐入佳境、超越自我,写出一手漂亮的文章。

第四节　如何剿灭错别字

一、公文有错别字，别提多尴尬

纪晓岚当年作为总纂官修订《四库全书》，故意在前两页留几处破绽，让乾隆改，为的是让皇帝高兴，有一种参与感和满足感。这种谄媚叫文谄。

作为现在写材料的你，你敢故意留几处错误让你的领导修改吗？显然不敢也不能。想必大家都有因为错别字被领导训的经历。我当初总是因为各种低级错误被骂，辛辛苦苦写了一篇文章，自我感觉良好地递上去，本想接受几句赞美，突然看见领导眉心一紧，嘴角一动，就预料到大事不妙。好不容易写出的公文，出现错别字，确实让人很懊恼。就好比一道菜，无论做得再好，只要菜里有一根头发，都无法上桌。

下面，我举两个例子：

（一）2018年，某市教育局印发的红头文件，出现了一个错别字，将"报效国家"写成"报销国家"。2015年中国政府网发布的《关于"严重错别字"指标的说明》指出，将背离社会主义核心价值观，有可能产生恶劣影响的错别字，如将"反腐倡廉"错写成"友腐倡廉"，将"严禁公款吃喝"错写成"严谨公款吃喝"等，列入"严重错误"。不用想，这篇公文的撰稿人、审核人肯定都要接受处分了。

（二）2019年12月，某县住建局向县委提交一份题为《县住建局关于莘督字73号通知落实情况报告》。而这份报告中提及县委书记名字时，将他名字中的"王"写成了"汪"。

王书记很无奈地在批示中指出，报告中存在标点错误和相关人员签字疑似为复印体的情况。而除了改正其中的各处错误，王书记还在报告上批示说："一张半页纸的稿子，错误百出，如果真的认真研究了，就要附上详细的地块情况和图表。要认真核算相关的数据。我的名字都错了，标点符号也出错，让我如何相信你们的书面汇报？县委的督查件就是这么不严肃？这个件请传所有常委同志和副县长阅读，请有关同志抓一抓，工作作风，岂是小事！"

二、常见易错词

下面，我梳理列出一些常见的易错词，与大家共勉。括号中为正确的写法。

表5-1 易错词表

按（安）装	萎糜（靡）不振
甘败（拜）下风	沉缅（湎）
自抱（暴）自弃	名（明）信片
针贬（砭）	默（墨）守成规
泊（舶）来品	大姆（拇）指
脉博（搏）	沤（呕）心沥血
松驰（弛）	凭（平）添
一愁（筹）莫展	出奇（其）不意
穿（川）流不息	修茸（葺）
精萃（粹）	亲（青）睐
重迭（叠）	磬（罄）竹难书
渡（度）假村	入场卷（券）
防（妨）碍	声名雀（鹊）起
幅（辐）射	发韧（轫）
一幅（副）对联	搔（瘙）痒病
天翻地复（覆）	欣尝（赏）
言简意骇（赅）	谈笑风声（生）
气慨（概）	人情事（世）故
一股（鼓）作气	有持（恃）无恐
悬梁刺骨（股）	额首（手）称庆
粗旷（犷）	追朔（溯）
食不裹（果）腹	鬼鬼祟祟（崇崇）
震憾（撼）	金榜提（题）名
凑和（合）	走头（投）无路
侯（候）车室	趋之若鹜（鹜）
迫不急（及）待	迁徒（徙）
既（即）使	洁白无暇（瑕）
一如继（既）往	九宵（霄）
娇（矫）揉造作	渲（宣）泄

续表

挖墙角（脚）	寒喧（暄）
一诺千斤（金）	弦（旋）律
不径（胫）而走	膺（赝）品
峻（竣）工	不能自己（已）
不落巢（窠）臼	尤（犹）如猛虎下山
烩（脍）炙人口	竭泽而鱼（渔）
打腊（蜡）	滥芋（竽）充数
死皮癞（赖）脸	世外桃园（源）
兰（蓝）天白云	脏（赃）款
鼎立（力）相助	醮（蘸）水
再接再励（厉）	蜇（蛰）伏
老俩（两）口	装祯（帧）
黄梁（粱）美梦	饮鸠（鸩）止渴
了（瞭）望	坐阵（镇）
水笼（龙）头	旁证（征）博引
杀戳（戮）	灸（炙）手可热
痉孪（挛）	九洲（州）
美仑（轮）美奂	床第（笫）之私
罗（啰）唆	姿（恣）意妄为
蛛丝蚂（马）迹	编篡（纂）
做（坐）月子	

三、消除错别字的方法

（一）找同事帮忙审

我的一位同事，每次写完稿子都会打印两份，一份他自己审，另一份让我帮忙审。自己写的稿子，看多了总会有审美疲劳，哪哪看着都顺眼，不忍心增删一句，更别提发现错别字了，但是往往到了领导那却被一眼识破。所以多一个人看稿子，就相当于多了一道安全关卡，出错的概率就会大幅下降。有了大家帮助把关，再把稿子拿给领导，心里就可以踏实不少。

（二）读出声

文章写完以后，读出来对检查很有帮助。这是一位在报社校稿多年的老前辈的经验。大多数人在检查文稿时，习惯扫视，用目光一行一行地在文字上扫过去，这样速度虽快，但是很难发现错别字，因为目光具有跳跃性，一不注意就从第二行扫到了第五行，直接跳过去两行。如果把文章大声读出来，效果则完全不同：一方面，一字一句不可能有遗漏；另一方面，注意力会更加集中。更关键的是，朗读还能把书面文字放到口语的框框中去调试，不少书面文字看是看不出问题的，但一读就会发现诸如不通顺、不符合语言习惯等问题。这样一来不但能发现错别字，还能顺便改掉语病。

（三）放一阵

稿子写完了，早日交差的迫切心情可以理解，但我建议，自己念过了，别人也看过了，还是再放一放，假如时间允许，隔一天再检查一遍，之后提交成果，这样可能更有把握。之所以要放一放，是考虑到前期写稿核稿，已经耗费了大量精力，往往头昏脑涨，同时，反复校看同一篇稿件，基本上已经沉浸到文章的语言和逻辑中去了，在这种情况下发现错字的难度极高。好比一个小孩，自家人天天见往往没觉得长高了、长胖了，抱回老家一看，亲戚们却异口同声地惊叹："长高了这么多！"找错别字是个耐心活，也是个耗气力的活，所以千万别在心急火燎或是昏昏欲睡的时候干。写完之后好好睡一觉，待到第二天神清气爽的时候再认真核稿，才能最大限度收到实效。

（四）查一查

前面说的三种挑错方式，都是检索这一层面的工作，但是，就算检索得再详细，你压根就不知道某个字是个错别字，不知道正确的词语和成语是什么，那即使念一百遍也发现不了错字。比如有许多易用错易混淆的词，随手备一本现代汉语词典翻查，或者用搜索引擎查一下，一定要确认公文中用的就是标准、规范的写法。

　　写公文千万不能大意，注意不要犯低级错误，这不是能力，而是工作态度，把每一件简单的事做好就是不简单，把每一件平凡的事做好就是不平凡。

第五节　公文的逻辑法则

工作多年，我回想自己刚入职时，自尊心、好胜心特强，写的材料不被领导认可，经常为此而气恼、叹息，心里一百个不服气。

对于写材料的人来说，每一个句子都浸染着作者心血，每一个段落都凝结着辛劳，每一篇文稿都是苦思冥想的结晶。可是，如果好不容易写出来的文章结构混乱、缺乏逻辑，那可能就要吐血了。

公文中逻辑的重要性，就好比一盘珠子，如果没有一根线穿起来，就无法成为精美的项链。一篇公文，即便是文采飞扬，缺少了逻辑的引线，也只是一地散落的珍珠，没法展现出整体的美。

一、公文逻辑的重要性

以前散文写得多，进入职场之后，写材料逻辑感很差，写文章要么是大而全的一堆案例加描述内容的堆积，要么就是跳跃地想到哪写到哪。写完了交给领导，文稿总是被改得面目全非。后来有幸遇到一位"笔杆子"领导，十分重视文章写作逻辑。他说文章如何搭建结构，段与段之间、语句之间如何串联，就好像在做几何题，需要一步一步地厘清关系。在他的教导下，我写文章时开始注意逻辑。逻辑其实就是一种思维的规律，是一种认识客观事物的理性思考过程，缺乏逻辑，往往是因为我们平时懒得动脑筋，不爱琢磨事，不求甚解。

有一个非常著名的逻辑训练故事。一位程序员，设计的三款机器人出了一点问题：有一个永远都是说实话，有一个永远都是说谎话，另一个则有时说实话有时说谎话。程序员不知道怎么分辨它们，就请一位博士帮忙。

博士一看，问了三个问题就知道怎么分辨了。

他问左边的机器人："谁坐你旁边？"机器人回答："诚实的家伙。"

他问中间的机器人："你是谁？"机器人回答说："总是犹豫不决的那位。"

他问右边的机器人："坐你旁边的是谁？"机器人回答说："说谎话的家伙。"

请问，博士是怎么知道他们的身份的？

看完是不是有点疑惑呢？如果你能一下子说出答案，那你肯定逻辑思维能力超强。一般来说，这道题要找到答案，需要通过一系列的假设与推演，方法有很多，可以先假设左边的是说谎的机器人，中间的是说实话的机器人，右边的是真假话都说的机器人；然后推导一看是否符合，如果不符合再更改假设条件。这么一步步推演下去，总会得到最符合实际的答案，这就是逻辑思考的过程。

二、常见的逻辑错误

下面，列举并剖析几种写材料时常见的逻辑错误。

（一）从属错乱

从属错乱的错误常见于两个事物之间存在隶属关系，如A包括B，B是A的一部分。

比如"水果"和"苹果"，"水果"包括"苹果"，"苹果"隶属于"水果"，如果写材料时出现"本区域水果和苹果收货量同比上升"，这就是从属关系错乱。

再比如，一位同事写的支部活动新闻简报中，将参与人员写成了

"部门全体干部职工及党员参加了此次活动"。这就是典型的包含逻辑错误，部门全体干部职工自然包含党员，所以不能把两者并列描述。

（二）交叉并列

交叉并列指的是两个概念有一部分相同的含义，又有一部分是不同的含义，也就是两者之间存在交叉关系。比如一篇通讯稿中有这么一句话——"在疫情防控阻击战中，本单位青年和工人主动放弃春节假期，火速返岗复工复产"。这其中"青年"和"工人"两个概念就有交叉关系，并列使用，就会有语病。

（三）概括不当

定义或概括某个事物时，所用的概念应该准确表达意思，而不是看似很懂，其实一窍不通、胡言乱语。像这句话"济南的环境污染属于煤烟型污染"。这里的"环境污染"的概念太大了，用"大气污染"会更贴切。

（四）判断不准

判断是对事物给予肯定或否定的一种思维方式，有时候给出判断结论时过于绝对容易出错。比如"所有书都是人类的精神食粮"，书有好有坏，不可一概而论，这就是过于绝对，判断不准。

（五）自相矛盾

在同一篇文章中如果包含两个相反或自相矛盾的说法，会让人丈二和尚摸不着头脑。如一篇公文中前面写了"鼓励国有科技型企业推行股权与分红等中长期激励"，后面又写了"满足条件的国有科技型企业可探索实施分红激励，审慎研究股权激励"。这里面关于"股权激励"，前面是鼓励推进，后面是审慎研究，到底是让搞还是不让搞，会让人捉摸不透，这就犯了自相矛盾的错误。

（六）数据含糊

公文里但凡涉及数据，表述要尽量精准。一位市委领导在作工作报告时说："当年固定资产投资增长超过13%左右。"这就是含糊不清的逻辑谬误，我们口头上可能经常这么说，但"超过13%"和"13%左右"是两个概念。公文中的数据，通常都要用确凿的表述，不然会给人感觉在胡编乱造，缺乏统计依据。

三、增强公文写作逻辑的方法

如何让公文写作有逻辑呢？下面就传授几种方法。

（一）用逻辑思维搭建文章的框架结构

一篇公文，尤其是篇幅较长的公文，最主要的逻辑就是文章的框架。就好比一棵大树，主旨思想就是它的树干，文章结构则是它的分枝，文字表述就是树叶，只有逻辑清晰，树的养分才能流畅地传输到每一片枝叶。公文的结构逻辑有很多种，下面分享三种：

第一种是因果结构，这种结构常用于请示、报告、通知、决定和意见，这类公文遵循的结构逻辑就是三连问：为什么，是什么，怎么办。开头的通用写法是"为了什么什么""根据什么什么"，把工作的原因或依据引出来，一般是依据某某文件要求，贯彻领导关于某项工作的指示，或是落实某某会议精神，等等。中间"是什么"的部分常用"现就某某事项请示如下""现就某某事项报告如下"等句式，然后描述具体的工作事项，讲清楚来龙去脉。最后，"怎么办"的部分，提出具体的工作措施或是工作要求。

比如一个关于法务人员的培训通知，不能直接说何时何地要开什么会，一定是在开头交代清楚开会的原因，如根据党中央关于加强法制建设的要求，提高法务人员对于法律法规的认识等。中间交代清楚会议的内容，接下来说明白会议的时间、地点、人员和参会要求。

第二种是并列结构，是以互不关联、相互独立的若干自然段阐述同一个主题，这种结构常用于工作报告或总结等一些略长的公文中，其他类型的公文的局部结构也常常会采取这种并列式的逻辑。

比如某一年政府工作报告中关于年度工作回顾的部分，从各个方面总结了上年度取得的成绩，每个部分单独成段，比如经济运行保持在合理区间、经济结构不断优化、发展新动能快速成长、改革开放取得新突破、人民生活持续改善。内容涉及宏观经济、科技创新、体制改革、民生福祉等，每一段的内容互相独立，但都是在说一年来取得的成绩。

每一段的内容并不直接关联，单拎出来每一段都是独立描述某一方面的工作，是一个聚焦的点，但不同的点都隶属于同一个大的主题，这样由点到面的描述方式，能够较好地反映出某件工作的全貌。

第三种是递进结构，这种结构是按照事物的发展规律，或人的常规思维习惯来推演递进。这种递进方式也有很多种：

（1）按照问题分析思路递进。比如一篇关于机构改革的请示：

首先要发现问题。如由于近年公司国际业务开展迅猛，监管机构对海外业务有专门的监管要求，公司在国际业务方面的管理较为薄弱，存在漏洞。然后再进一步剖析问题。这个问题产生的原因是公司总部缺乏专业的国际业务管理处室，导致下属单位在自行开展国际业务的过程中缺乏统筹，甚至造成恶性竞争。分析完问题，下一步就是提出解决措施。如建议在公司总部企管部设立国际处，统筹管理公司海外业务。

这也是当下比较流行的思维方式，就是以问题为导向，首先发现问题、找到问题，然后分析问题，追本溯源，剖析原因，最后提出解决措施。有点像是侦探在办案，跟着线索一步一步往下剖析。在体制内工作，我们经常要写一些查找问题、建言献策的公文，遵循的基本就是这种写作思路。

（2）按照主次关系递进。一般把重要的事放前面，影响力最大最广的放前面，次要的和细分的放后面。这就是一个从大到小的过程，如：

为了加强环保管理，国资委发文要重点类排放企业加强环保管理，要求设置专门的部门。我们收到文件后，要落实这些要求，就给领导写签报，签报最后提了三条建议：第一，加强组织保障，增设专门负责环保管理的处室与编制；第二，加强制度建设，计划新编制几项环保管理有关的制度；第三，加强排放数据监测，要求下属单位及时报送数据。这三条建议中，增设处室是最重要的，所以要放在最前面说；制度建设次之，放在第二位；数据监测则属于日常管理，显然没有前两项重要，就放在第三位。

（3）按照时间或空间递进。比如时间上从古至今，空间上从国际、国内，到本地区、本领域。在编制某领域"十四五"发展规划的时候，有一部分内容是外部环境分析，通常的写法是先分析国际情况，再分析国内情况，然后分析重点区域情况和相关行业的情况。再比如汇报某个建设项目的进展情况时，可以按照时间关系来描述，即什么时间获批建设，什么时间成立筹备组，什么时间完成设计，什么时间完成施工，什么时间投产使用。采用时间线的方式描述，可以让人一下子就能了解项目的整个生命周期。

不过，对于文章结构的逻辑，也不可过于迷信，走极端。有的朋友写材料轻内容而重结构，首先不是考虑文稿要解决什么问题、怎样表达思想和观点，而是考虑结构要搞得多么紧密、有序、完整。而不少文稿特别是领导讲话、工作汇报、调研报告等，往往被那种陈旧的"三段式"套牢,大三段套小三段,小三段套三层次,从头至尾都是"三",似乎无"三"不成文。

(二)用逻辑思维来阐述观点

如果说文章的框架结构属于宏观层面的话,那么微观层面的逻辑思维,也就是表达方式的逻辑性同样重要。

一位局长的秘书请假了,办公室的另一位刚毕业的同事临时顶替,局长发微信问他今天的领导碰头会议安排在什么时间,他给领导回微信说:

"上午九点半基建处的赵处长要去市政府开会,下午四点要去上海出差;办公室的李主任下午一点到两点要用会议室接待督察组。哦,对了,赵处长大概是中午12点回来。局长,我把碰头会给大家安排在下午两点到三点,你看怎么样?"

局长收到微信后,看了半天才回复:"好吧"。局长秘书第二天上班后,看了他发的微信,帮他调整了一下:

"局长,我把会议给大家安排在下午两点到三点。原因是:上午九点半基建处的赵处长要去市政府开会,大概中午12点才回来,然后下午四点要去上海出差,中间一点到两点办公室李主任还要用会议室接待督察组,所以,安排下午两点到三点是最合适的。"

第二种表述是不是要好很多呢?这就是逻辑感,我发现工作和生活中很多人无论是说话还是写文章都不太注重逻辑。缺乏逻辑,你的本意就很难让人理解。通过公文写作来养成逻辑思维能力,对个人能力提升也十分有益。

在文字表述方面,我们可以遵循金字塔原理。金字塔原理有三项基本原则:一是结论先行,一般把中心思想、核心观点摆在前面,也可把各类观点作为自然段的标题。二是归类分组,合并同类项,把零散的事情归类，按类别放在一起，再通过合理的逻辑顺序把不同类别的内容串联起来。三是逻辑递进，每个局部自然段按照一定逻辑展开描述。

结合上面那个例子，后来秘书调整后的汇报，就遵循了金字塔原理。首先说结论，建议下午两点到三点开会，然后按人物进行分类，最后将赵处长的安排按时间顺序展开描述，阐述选择下午两点到三点开会的原因。大家也可以想一想，是不是日常很多事情都可以用这种方式去汇报呢？

公文的逻辑能够让文章结构层次分明，文字表述通畅易懂。在写材料的时候，我们要尽量多换位思考，站在读者的角度，从文章结构与文字表述出发，看看自己的文章好不好理解，读着是否顺畅。久而久之，一定可以形成良好的习惯，形成较强的逻辑思维能力。

第六节　公文写作的三种境界

你写文章的时候，是用键盘写的，用脑子写的，还是用心写的？

我们月底要办一个培训班，一位副厅级领导要参加开班式和结业式，我让处里一位同事写两篇讲话稿，讲话时间都控制在8分钟以内，由于领导语速比较慢，每篇字数都不要超过1800字。给他的写作时间是3天，这期间我没给他安排太多其他的工作。3天时间到了，这位同事把两篇讲话稿发到我邮箱里，我一看，基本上讲话稿里五成的内容是中央领导人讲话原文的直接摘录，三成是之前写过总结报告里的原文，剩下两成是他自己写的过渡串联的话。整篇讲话稿，既没有逻辑，也没有实质要点，更不接地气。

写文章第一层境界是用键盘，第二层境界是用脑子，第三层境界是用心。

在机关里，很多人写材料都停留在第一层用键盘的境界，机械地完成领导交办的工作任务，绝不未雨绸缪，多向前走一步，更别说举一反三了。比如领导让统计数据，不给个模板就不知道怎么弄，统计好后，发现某项数据有明显异常，也不多问一句。等领导问原因时，再说"我去了解一下"。

达到第二层境界的，是爱动脑子、善于思考的人。这种人能够换位思考，能站在领导、同事等不同角度思考问题，对于手头接触的工作能够有深入的思考，能提出建设性的意见和建议，尽管有的时候，思考的内容有些片面和客观，不过能做到这一点，已经很不错了。

第三层境界，是走心的，是带着一些情怀和理想理解工作，能够提前谋划一些事情，主动担当一些艰难险重的工作，并且带着热情去写材料，通过写作来实现自己的一些政治理念和抱负。

后 记

如果读者们读到这一页，那表示您已经将我这本公文写作指导书看完。对此，我很欣慰，也非常希望读者在阅读完本书之后，能够掌握一些公文写作的技巧，收获一些公文写作的心得。

公文写作实际上是没有什么捷径可走的，即便看完了这本书，想要写好公文还是要多写、多练，从实践中体悟，从反复修改的过程中提升写作能力。而在提升公文写作水平的过程中，必须耐得住寂寞、忍得住批评、扛得住加班。

只要我们多学多思，勤写勤练，就一定能够日臻佳境，逐步成为起草各种材料的行家里手、成为各个单位的业务骨干，从而为自己的职业发展打好基础。